SECONDHAND UND VINTAGE SHOPPING-FÜHRER

BERLIN

Delia Dumitrescu

BUSSECOLLECTION

Danksagung:
Vielen Dank an all die Besitzer und
Besitzerinnen der Berliner Second-
Hand- und Vintage-Läden, die mir ihre
Geschichten erzählt haben. Ohne sie hätte
ich dieses Buch nicht zusammenstellen
können. Die Schatzsuche in der kunter-
bunten, lebendigen und originellen Szene
hat mir großen Spaß gemacht.

Hinweis der Redaktion:
In einer modernen Stadt ist das Leben
stets in Bewegung. Läden eröffnen, ziehen um oder schließen, Websites werden
umbenannt, Öffnungszeiten ändern
sich. Die Informationen für dieses Buch
wurden sorgfältig recherchiert, wir bit-
ten jedoch um Verständnis dafür, dass
eine Garantie für deren Richtigkeit nach
Veröffentlichung dieses Buches nicht
übernommen werden kann.

Englische Originalausgabe:
Secondhand and Vintage BERLIN
Erschienen bei Vivays Publishing Ltd,
London
© Text 2012 Delia Dumitrescu

Deutsche Ausgabe:
© Busse Verlag GmbH, Bielefeld, 2012
Übersetzung: Wiebke Krabbe, Damlos
Satzaufbau: L&L Fotosatz GmbH,
Hiddenhausen
Gedruckt in China
ISBN 978-3-512-04015-3

BERLIN
INHALT

BERLIN
SO FUNKTIONIERT DIESES BUCH

Jedes Kapitel dieses Buches hat ein Thema. Die ersten drei Kapitel sind nach Warengruppen kategorisiert – Kleidung & Accessoires, Bücher, Musik & Kurioses, Wohnen & Deko. Im vierten Kapitel „Typisch Berlin" wird neben verschiedenen Flohmärkten eine Reihe von Läden vorgestellt, die sich z.B. auf nostalgische Relikte aus der ehemaligen DDR spezialisiert haben.

Die Einträge innerhalb der Kapitel sind nach Stadtvierteln geordnet. Außer einer Beschreibung des Ladens oder Marktes finden Sie hier auch die aktuellen Kontaktdaten und Öffnungszeiten sowie Angaben zum Preisniveau von € bis €€€ (preiswert bis teuer).

Der hintere Teil des Buches enthält Stadtteil-Karten, in denen die verschiedenen Läden und Märkte mit farbigen Rauten markiert sind. Die Farbe der Raute entspricht der Kategorie des entsprechenden Kapitels. Auf die Pläne ist ein QR-Code aufgedruckt, sodass Sie sich die Karten auch auf dem Smartphone anzeigen lassen können.

VORWORT

»Noch nie war eine Gesellschaft dermaßen besessen von ihrer jüngsten Vergangenheit.«

SIMON REYNOLDS, *RETROMANIA*

BERLIN IST EINS DER BESTEN ZIELE FÜR EINE REISE IN DIE VERGANGENHEIT. ICH MEINE KEINEN TRIP INS FINSTERE TRANSSILVANIEN, SONDERN EINEN AUSFLUG IN DIE GLAMOURÖSE VERGANGENHEIT DER STADT, IN DER NOCH ETWAS VOM LEBENSSTIL UND RHYTHMUS DER ZEIT ZWISCHEN DEN KRIEGEN ZU SPÜREN IST. AUF SCHRITT UND TRITT STÖSST MAN IN BERLIN AUF SOLCHE SPUREN, MAN MUSS GAR NICHT LANGE DANACH SUCHEN. ES IST GANZ LEICHT, HIER IN DIE VERGANGENHEIT EINZUTAUCHEN, WEIL MAN IMMER UND ÜBERALL VON IHR UMGEBEN IST. EHE MAN ES SICH VERSIEHT, WACHT MAN EINES MORGENS AUF UND TRINKT SEINEN TEE AUS EINER GOLDRANDTASSE VOM TRÖDLER ODER RÖSTET DEN TOAST IN EINEM TOASTER AUS GROSSMUTTERS ZEITEN. DANN ZIEHEN SIE EIN KLEID VOM FLOHMARKT AUS DEM VIERTEL AN UND FAHREN SIE MIT DEM GEBRAUCHTEN, ETWAS ANGEROSTETEN RAD ZUR ARBEIT (EIN KREATIVER JOB, VERSTEHT SICH). UND AM ABEND TANZEN SIE CHARLESTON IN EINER BAR. IN BERLIN GIBT ES EINE MENGE LEUTE, AUF DIE DIESE BESCHREIBUNG PASST.

Warum? Dafür sorgt die Stadt ganz allein. Es geht nicht nur ums preisgünstige Einkaufen, sondern auch darum, ein Stück Vergangenheit ins eigene Leben einzulassen. Wenn die Dinge reden könnten, hätten Sie sicher Spannendes zu erzählen.

Leben und Gewohnheiten anderer Leute haben so ihre Faszination. Voyeurismus ist Massenkultur geworden, das beweisen die sozialen Netzwerke, mit denen man sich online selbst präsentieren kann. Den Trend zu Vintage und Second-Hand könnte man als eine Art kulturellen Voyeurismus bezeichnen. Wenn wir etwas kaufen, was schon ein langes Leben hinter sich hat und verschiedenen anderen Leuten gehört hat, wollen wir dann nicht etwas über diese Vergangenheit erfahren? Wer waren diese Leute? Wie haben sie gelebt? Welche Hobbys und welchen sozialen Status hatten sie? Haftet den Dingen tatsächlich etwas von der Energie ihrer früheren Besitzer an?

Simon Reynolds schreibt in seinem Buch *Retromania*: »Es geht nicht nur um Sammellust, sondern auch um ein konkreteres Gefühl für die Vergangenheit, die durch Schallplatten, Fotos, Fernsehen und andere Medien dokumentiert ist. Wir können heute an der Vergangenheit teilnehmen.«

Berlin ist auch ein Durchgangsort. Menschen aus vielen Ländern leben eine Weile hier, ziehen dann weiter – und lassen alle möglichen Dinge zurück. Nur die Dinge bleiben – Berlin ist eine Stadt der Dinge. Kein Wunder, dass manche Bewohner begonnen haben, daraus ein Geschäft zu machen. Second-Hand- und Vintage-Läden erzählen vom Berliner Lebensstil und sind schon darum ein riesiger Markt.

Die Stadt hat viele Stile. Hier mischt sich Bohème mit dem etwas geheimnisvollen Flair der DDR-Ära, Hauptstadt-Glamour und Multikulti-Vierteln zu einem Cocktail, der in ganz Europa berühmt ist. Die Second-Hand-Szene hält dieses Gefühl wach – nicht nur mit dem Warenangebot, sondern auch als Kulturform. Hier lockt eine Shabby-Chic-Bar, dort tönt Swing aus einem Café, woanders kann man Jive tanzen lernen oder auf einer Tauschparty seine Kleider mit einem anderen Partygast tauschen. Im Bad liegt Lavendelseife, die an Omas Geheimrezept gegen Motten erinnert, und wer nicht mehr ganz nüchtern ist, könnte angesichts der Outfits der Leute auf der Straße glatt meinen, in ein Zeitloch gefallen zu sein. Selbst die neuen Läden im Retro-Design passen ins Bild.

Die Second-Hand-Szene Berlins ist so einzigartig, weil hier zwei existierende Kulturen verschmelzen – Osten und Westen. Und das ist zu spüren. Westler (und nicht nur sie) wollen östlichen Lebensstil ausprobieren, oder zumindest östliches Design. Berlin gehört zu den wenigen Städten, in denen den Second-Hand-Waren tatsächlich noch Geschichte anhaftet, und das ist einer der Gründe, warum fast jeder mindestens ein Second-Hand-Objekt besitzt, sei es ein Möbelstück, eine Vinylschallplatte, ein Kleid, Schuhe oder gleich alles.

In der Stadt mit der aufregenden Spannung zwischen Altem und Neuem gibt es eine lebendige Kunstszene und eine blühende Second-Hand-Kultur. Man jagt dem absolut einzigartigen Stück oder dem ganz besonderen (alten) Muster nach, mixt Stile durch die Jahrzehnte, trägt Mamas Kleider, kleidet sich völlig anders als alle anderen und brüstet sich mit den allerneuesten Beutestücken. Second Hand gilt in der heutigen Gesellschaft als cool – in Berlin mehr als in jeder anderen Stadt. Aus aller Welt reisen die Menschen nach Berlin, um die Second-Hand-Läden zu durchforsten. Die New Yorker sagen sogar, Berlin sei das neue New York.

BEVOR WIR ZUM STREIFZUG DURCH DIE SECOND-HAND-SZENE AUFBRECHEN, SOLLTEN NOCH EINIGE BEGRIFFE GEKLÄRT WERDEN.

SECOND HAND bedeutet längst nicht mehr billige Kleidung für arme Leute, sondern coole Outfits für Individualisten Darunter fällt auch Design-Recycling – das Restaurieren und Zweckentfremden von Dingen, um ihnen ein neues Leben und eine neue Funktion zu geben. Die Zeitspanne liegt zwischen einem und zehn Jahren.

VINTAGE sind wahre Objekte der Begierde – alte Möbel oder Kleidungsstücke mit Geschichte. Schöne Vintage-Stücke sind heute leichter zu finden, aber die Auswahl und die Unterscheidung zwischen Vintage und Second Hand wird oft bereits in den Läden getroffen.

RETRO bezieht sich mehr auf das Aussehen eines Objekts, denn der Begriff kann ebenso auf das Design eines neuen Fahrrades wie auf ein altes Auto aus den 1960ern oder eine Zeitschriftenwerbung angewandt werden. Hier werden oft Elemente der Vergangenheit aufgegriffen und neu zusammengesetzt. Insofern ist Retro nicht mit traditionell gleichzusetzen.

Ob man es nun Second Hand, Vintage oder Retro nennen will, von allem gibt es in Berlin reichlich. Dieses Teilen und Kuratieren origineller Stücke findet auf der Straße statt, in Läden und auf Märkten. Und es hat noch ganz andere Ausdrucksformen. Ein witziges Relikt aus der Vergangenheit ist der Fotoautomat. Hier kann jeder für ein paar Cent Fotos im Vorbeigehen machen: Verliebte, Großeltern, Schwestern, Nachtschwärmer, Mütter, Maler, Menschen mit melancholischem Gemüt, Kapitäne, Sternenfänger und Sachensucher. Die Zellen, 2003 restauriert, stehen hier und dort in der Stadt.

Und noch immer machen sie die simplen Schwarz-Weiß-Fotos, die schon in den 1960er-Jahren die Leute faszinierten und amüsierten. Heute sind sie ein Kultobjekt: vier Fotos für € 5.

Eine andere Ausprägung ist die BücherboXX, eine mobile Mini-Bibliothek in Gestalt einer gelben Telefonzelle. Anrufe kann man hier nicht mehr tätigen, wohl aber ein Buch mitnehmen und ein anderes dafür zurücklassen. Auf der außen installierten Bank kann man gleich zum Lesen Platz nehmen. Da die BücherboXX ein Nomadenleben führt, müssen Sie den aktuellen Standort googeln. Einem ähnlichen Prinzip folgt die Givebox, in der gebrauchte Dinge aller Art darauf warten, gegen etwas anderes getauscht zu werden. Durch den anonymen Austausch gebrauchter Dinge ändert sich der Inhalt der Box ständig. Auf einem ausliegenden Flyer wird erklärt, wie man selbst eine Givebox einrichten kann.

DIE SPIELREGELN

Die Preise stehen immer in Bezug zur Produktkategorie. Wenn also ein Laden, der Kleidung anbietet, als teuer eingestuft wird, ist das Preisniveau dennoch niedriger als in einem teuren Möbelladen.

Das bedeutet ungefähr:

€ = €1-50
€€ = €50-250
€€€ = €250 und mehr

In diesem Buch werden etwa 160 Second-Hand- und Vintage-Läden vorgestellt, auf die folgende Merkmale zutreffen:

– Mal wühlig, mal nobel – jedenfalls nicht die typischen Second-Hand-Läden, die sowieso jeder kennt

– Kreuzungen aus Café, Bonbonladen und gebrauchten Waren

– Überraschend, witzig, anders, freundlich, gemütlich und Waren von guter Qualität

Weil die Szene so lebendig ist, werden Sie sicherlich neue Läden entdecken, bevor wir eine Neuauflage dieses Buchs veröffentlichen. Also viel Spaß bei der Jagd!

WÖRTERBUCH FÜR SECOND-HAND-FANS

Kiez = wenn die Berliner vom Kiez reden, meinen sie »ihr« Viertel. Der Begriff ist slawischen Ursprungs und bezeichnet eine Siedlung außerhalb der Burgmauern.

Altbau = typischerweise Wohnungen aus der Zeit vor 1949 mit hohen Decken, großen Fenstern, einem Balkon, Holzböden und schönen Jugendstil-Dekorationen.

Gründerzeit = eine Epoche des Wohlstandes vor dem Börsenzusammenbruch im Jahre 1873. Aus dieser Zeit stammen Gebäude mit vier bis sechs Etagen und reich verzierten Fassaden. Leider wurden nach dem Krieg viele der Dekorationen entfernt, um sie als Material für Neubauten zu nutzen.

Hinterhof = wird normalerweise mit HH abgekürzt und nach der Hausnummer angegeben. In Hinterhöfen kann man Überraschendes finden: Theater, Kinos, Galerien, Museen, Geschäfte, Cafés und meistens gute Street Art. Schauen Sie rein!

Wohnungsauflösung = hier kann man mit etwas Glück eine Waschmaschine, eine Spülmaschine oder einen Kühlschrank für wenig Geld ergattern.

Ankauf & Verkauf = alles Mögliche, aber immer gebraucht.

Trödel = meist allerlei Gerümpel, aber wer sucht, kann dazwischen Schätze finden.

Antiquariat = dahinter verbergen sich meist Läden, die alte Bücher und/oder Tonträger anbieten.

DIE VIERTEL

Das Leben sprudelt in Berlin in verschiedenen Ecken. Hier kann man sich nicht einfach im Zentrum verabreden, weil es so etwas wie DAS Zentrum nicht gibt. Jedes Viertel hat seinen ganz eigenen Charakter und seinen eigenen Mittelpunkt.

Kreuzberg

Berlin ist seit jeher eine Stadt mit außergewöhnlich vielen Zuwanderern. Es ist gar nicht so leicht, hier einen »echten« Berliner zu finden. Im Rhythmus von etwa 20 Jahren wechselt ein Großteil der Bevölkerung. So viel zum Thema Sesshaftigkeit. Kreuzberg ist das Multikulti-Viertel mit einem hohen Anteil von Immigranten. Früher war es ein politisch brisantes Pflaster mit einer aktiven Hausbesetzerszene, einer ausgeprägten Subkultur und dem Lebensmotto »wer sich nicht wehrt, lebt verkehrt«. In manchen Kreuzberger Kneipen erzählen politische Plakate noch von dieser Zeit. Heute trifft man in den Cafés des Viertels, das umfassend saniert wird, deutsche und türkischstämmige Anwohner, neugierige Besucher und Schauspieler. Bergmannkiez zählt zu den besonders interessanten und charmanten Gegenden. In den frühen 60er-Jahren lebte hier das »Kleinbürgertum«. Eine begehrte Wohnlage war der Viktoria-Park, in dem sich heute im Sommer Familien zum Grillen einfinden.

Friedrichshain

Verwaltungstechnisch gehört Friedrichshain zum Bezirk Friedrichshain-Kreuzberg, doch kulturell unterscheidet es sich grundlegend von Kreuzberg. Wegen der niedrigen Mieten und der zahlreichen Bars und Kneipen siedelten sich hier viele Studenten an, und hier kam es zu besonders aggressivem Vorgehen gegen Hausbesetzer. In den letzten fünf Jahren haben sich in Friedrichshain verschiedene Unternehmen der Medien- und Unterhaltungsbranche niedergelassen, was natürlich eine Veränderung der Bewohnerschaft nach sich zog. Besonders lebendig geht es in der SiMo-Dach-Straße und am benachbarten Boxhagener Platz zu. Auch der Samariterkiez mit seinen vielen Second-Hand-Läden ist einen Besuch wert.

Prenzlauer Berg

Dieses Viertel blieb vor Kriegsschäden weitgehend verschont, darum findet man hier einige der ältesten Häuser Berlins. Auch schöne Bauten aus dem frühen 20. Jahrhundert sind hier noch zu sehen. In den 90er-Jahren war Prenzlauer Berg DAS angesagte Viertel, doch inzwischen sind die jungen und verrückten Künstler älter geworden und haben Familien gegründet. Nun zieht man hierher, um sich häuslich niederzulassen und guten Kuchen zu essen. Jogastudios, Mutter- und-Kind-Läden und Buchläden mit Schulbüchern in den Auslagen bestimmen heute das Bild. 80% der Bewohner, die in den 90er-Jahren hier lebten, sind weggezogen. Die »normalen Westler« und sogar einige Ostberliner sind nie zurückgekehrt oder wollten nicht nach Berlin ziehen – die Stadt war ihnen zu grau. 10 Jahre später hat sich die Lage grundlegend geändert: Berlin ist eine internationale Stadt geworden. Das gesamte Viertel wurde saniert und die neuen Lofts stießen vor allem bei den Reichen und bei Menschen, die aus dem Ausland nach Berlin zogen, auf große Resonanz.

Mitte

Als immer mehr Menschen aus den Vororten in die Innenstadt zogen, kam Leben in die Stadt, aber die Sanierung brachte auch steigende Mieten mit sich.

Mitte ist ein angesagter Bezirk mit zahlreichen Kunstgalerien. Weil die Mieten ständig steigen, ändert sich auch die Zusammensetzung der Bewohner, die hier Quartier beziehen können. Die Armen und Coolen sind nach Schöneberg-Potsdamer Straße gezogen. Früher war das Gebiet von Prostitution und Drogen gekennzeichnet, heute entwickelt sich hier eine junge Street-Art-Szene.

In Berlin Mitte, das von internationalen Jet-Settern und Digital-Nomaden (meist ausgestattet mit dem neuesten Apple-Spielzeug) besiedelt ist, liegen einige der besten Second-Hand- und Vintage-Läden. Die Alte und Neue Schönhauser Straße und die Gegend um den Hackeschen Markt versprechen erfolgreiche Beutezüge.

Schöneberg

Schöneberg ist traditionell das Viertel der Schwulen und Lesben Berlins. Das Durchschnittsalter der Bewohner liegt zwischen 40 und 60 Jahren. Neben vielen guten Bioläden und dem bekannten Nepal-Basar gibt es hier eine Reihe besonders charmanter, nostalgischer Läden. Und wer eine Einkaufspause braucht, sollte den alten Stadtflughafen Tempelhof besuchen, der in einen weitläufigen Park verwandelt wurde, Hier kann man skaten, radeln, laufen oder einfach auf den alten Landebahnen spazieren gehen.

Charlottenburg

Als der Kurfürstendamm noch eine der Prachtstraßen war, ging man in Charlottenburg aus – ins Theater, ins Kino, zur Vernissage. Heute findet man hier große Modehäuser und Luxusmarken wie Louis Vuitton, Tommy Hilfiger, Prada oder Chanel. Der 125 Jahre alte Bezirk hat sich dennoch etwas von seinem Charme bewahrt, und beim Schlendern durch die Straßen spürt man den Zauber der Welt der Reichen.

Neukölln

Neukölln hat sich vom »Problemviertel« zum »Szenekiez« gemausert. Hier gibt es über hundert Galerien und Ausstellungsräume. In dem ehemaligen Arbeiterviertel haben sich, vor allem um die Weserstraße, viele Kreative angesiedelt.

VOR ALLEM IM SOMMER HERRSCHT
IN BERLIN EINE ATMOSPHÄRE
HEITERER LÄSSIGKEIT. DIESE
BESONDERE SPONTANEITÄT MAG DAMIT
ZUSAMMENHÄNGEN, DASS ECHTE
SOMMERTAGE IM BERLINER KLIMA
SELTENHEITSWERT HABEN. ABER WENN
SIE DANN KOMMEN, PFEIFEN ALLE AUF
DEN ALLTAG UND SCHWÄRMEN AUS – IN
DIE PARKS, STRASSENCAFÉS UND AN DIE
SEEN, UM NUR JA KEINE SONNENSTUNDE
ZU VERPASSEN.

IN UNSEREM MODERNEN, DIGITALEN
ZEITALTER HAT KREATIVITÄT VIEL MIT
MIXEN UND KOMBINIEREN ZU TUN. UND
GENAU DARUM GEHT ES AUCH BEIM
VINTAGE-LEBENSSTIL.

KLEIDUNG &
ACCESSOIRES

Kleidung für Männer,
Frauen und Kinder
Hüte / Taschen und Gürtel
Schuhe / Schmuck / Uhren
Brillen

DIE BERLINER HABEN IHREN UREIGENEN KLEIDUNGS- UND KOMBINATIONSSTIL. WAS MAN IN ANDEREN STÄDTEN FÜR »TRAGBAR« HÄLT, UNTERSCHEIDET SICH GANZ ERHEBLICH VON DEM, WAS DIE BERLINER GANZ EINFACH ANZIEHEN. IN BERLIN KOMBINIERT MAN MUTIG EXTRAVAGANTES, DANDYHAFTES, RAMSCHIGES, SCHRILLES, GESCHMACKLOSES UND GESCHMACKVOLLES, UND GENAU DARUM HAT DIE STADT EINE SO LEBENDIGE UND EINZIGARTIGE SECOND-HAND-SZENE. VIELE LEUTE STELLEN SICH IHRE OUTFITS AUF FLOHMÄRKTEN, IN SECOND-HAND-LÄDEN UND FEINEREN VINTAGE-BOUTIQUEN ZUSAMMEN.

Der Trend zur Retro-Mode nahm seinen Anfang in den frühen 60er-Jahren, begleitet oder gefördert durch die neue Antiquitäten-Sammelleidenschaft. Die Modedesignerin Barbara Hulanicki zählte zu den ersten, die mit ihrem Label Biba den Blick auf die Vergangenheit richtete. Sie erklärte: »Ich liebe alte Sachen. Neue Dinge sind so kalt. Ich brauche Dinge, die gelebt haben« (zitiert aus Retromania von Simon Reynolds). Sie ist die Erfinderin der Retromode und des zyklischen Wiederkehrens von Stilen.

Auch Vintage lässt sich bis in die 60er-Jahre zurückverfolgen. Als Bohemiens und Hippies Second-Hand-Kleidung entdeckten, war gebrauchte Kleidung nicht mehr Notlösung für Geringverdiener, sondern Kult. »Der Begriff stammt aus dem Weinhandel, wo die Qualität ja auch mit dem Alter in Zusammenhang gebracht wird«, erklärt Reynolds in seinem Buch. Heute sind Vintage-Kunden Kuratoren ihres eigenen Lebens. Kleidung wird nicht weggeworfen oder vernichtet, sie wird aufbewahrt und zur Abgrenzung gegen kurzlebige Trends und Moden benutzt. Aber was, wenn Vintage selbst zum Trend wird? Dann fährt man am besten nach Berlin und lebt den Trend mit.

Geschlecht, Anlass und Persönlichkeit beeinflussen, was jemand anzieht. Vor diesem Hintergrund möchte ich den Begriff der »Schönheit durch Schwäche« zitieren, den die Vintage-Liebhaberin Virginia Newton-Moss aus Vancouver geprägt hat. Ihrer Meinung nach basierte die Anziehungskraft von Frauen früher darauf, dass sie in ihren Kleidern und mit hohen Absätzen hilflos wirkten und an die Beschützerinstinkte von Männern appellierten. Moderne Berlinerinnen, die sich für Vintage entscheiden, sind aber stark und unabhängig. Und sie müssen in einer Stadt, die für flache Schuhe gemacht ist, zurechtkommen. Ein Großteil der Kleidung, die in Kaufhäusern zu haben ist, wird in großen Stückzahlen in Asien gefertigt und in alle Welt verschifft. Man sieht überall das gleiche. Abgesehen davon, dass Produktion und Transport der Umwelt schaden, ist Vintage originell und exklusiv. Die Stoffe sind oft von guter Qualität, und die Kleidung hält länger als zehn Wäschen oder eine Modesaison.

Schauen wir uns also all die Second-Hand- und Vintage-Klamottenläden etwas genauer an ...

CHECKPOINT & CINEMA

Mehringdamm 41
030 612 011 45
www.checkpoint41@gmx.de
Mo-Mi 11:00-19:00;
Do-Fr 11:00-20:00; Sa 11:00-19:00
U6 Mehringdamm

Checkpoint wird von einem Mann geführt, der alte Sachen einfach liebt. Hier gibt es eine schöne Auswahl von Kleidern und Gürteln aus den 50ern, Hemden aus den 70ern, edle Stücke von Desigual, Armani oder Benetton, Hippie-Hosen und Smoking-Jacken. Kein Wunder, dass hier auch Requisiteure von Film und Theater häufiger anzutreffen sind.

COLOURS

Bergmannstraße 102
030 694 334 8
www.kleidermarkt.de
Mo-Fr 11:00-19:00; Sa 12:00-19::00
U6 Mehringdamm

Der größte und älteste Vintage-Laden Berlins kann schon fast als Kaufhaus durchgehen. Besondere Attraktionen sind die Happy-Hour mit 30 % Rabatt, zurzeit dienstags zwischen 11 und 19 Uhr, und die gute Auswahl seltener Designer-Label wie Cynthia Vincent, Mike & Chris oder Recollection. Angesichts des breiten und sorgfältig ausgesuchten Angebots an Schuhen, Schlipsen und Fliegen, Partykleidern, Perücken und Federboas kann man glatt die Zeit vergessen. Es gibt aber auch traditionellere Stücke, beispielsweise Anzüge und Röcke aus Cord. Wer zu einer Themenparty eingeladen ist oder einfach Spaß an Vintage-Kleidung hat, sollte unbedingt einen Besuch bei Colours einplanen.

JUMBO SECOND HAND

Wiener Straße 63
030 218 966 0
Mo-Sa 11:00-19:30
U1 Görlitzer Bahnhof

Eine unglaubliche Auswahl an Schuhen:
Stöckel, Plateau, kitschig, elegant, lila, rot,
regenbogenbunt? Hier bekommt man
sie alle – und dazu passend sorgfältig
ausgewählte Kleidung und Accessoires.
Der Laden, der vor mehr als 10 Jahren von
einer türkischen Familie gegründet wurde,
ist ein wahres Mekka für Fans schöner
Vintage-Schuhe.

KINDERSACHEN AUS 2. HAND

Graefestraße 1
030 693 961 4
Mo-Fr 11:00-18:00
U8 Schönleinstraße

Kindersachen ist wie ein Spielplatz. Ich
hätte einen ganzen Nachmittag dort
verbringen und mich mit den Unmengen
von Spielsachen und Spielen amüsieren
können. Die Besitzer haben den Laden
auch aus ökologischen Gründen eröffnet.
Sie sind der Meinung, dass Second-Hand-
Kleidung für Kinder gesünder ist, weil
schädliche Chemikalien ausgewaschen
sind.

LINDT

Körtestraße 16
030 691 791 0
Mo-Fr 12:00-18:00
U7 Südstern

Der Laden heißt wie edle Schokolade
und ist auch fast so süß. In den 50er-
Jahren beherbergten die Räume eine
Konditorei, nun ist hier ein witziger
Second-Hand-Laden untergebracht.
Schon beim Eintreten erkennt man am
liebevollen Arrangement der Waren, dass
die Besitzerin Vintage-Mode mag. Und die
originellen Kleider aus den 60er-Jahren
sind das Sahnehäubchen. Schöner Laden
mit vernünftigen Preisen.

ROSENROT

Eisenbahnstraße 48
030 695 183 49
Mo-Fr 10:30-18:30; Sa 10:30-14:30
U1 Görlitzer Bahnhof

Seit über sechs Jahren bietet dieser Laden
Vintage-Kleidung aus den 70er und 80er-
Jahren für Kinder an – zu sehr günstigen
Preisen. »Geliefert« werden die Waren
von Bewohnern der Nachbarschaft, die
täglich vorbeikommen und etwas Altes
gegen etwas anderes eintauschen. Hier
habe ich zum ersten Mal gehört, dass es
eine spezielle Bio-Wolle für Babys gibt.

SECOND-HAND PARADISE

Adalbertstraße 17
Mo-Sa 12:00-20:00
U1+U8 Kottbusser Tor

Der leicht verstaubte Laden wurde 2005 eröffnet und könnte eine fürsorgliche Hand gebrauchen. Vier träge Katzen leisten der Besitzerin Gesellschaft. Angeboten wird Mode aus den 70er und 80er Jahren, vorwiegend Schuhe und Taschen, aber auch eine gute Auswahl an Lederjacken. Ein Besuch lohnt sich, wenn man bereit ist, ein Weilchen zu suchen.

ST STORE BERLIN

Karl-Kunger-Straße 54
030 53 21 23 05
www.schwarzetruhe.de
Di-Fr 12:00-19:00; Sa 12:00-18:00
S Treptower Park

Für alle, die nicht in Treptow wohnen, liegt dieser Laden etwas abseits der üblichen Wege. Dennoch hat er in der Vintage-Szene einen guten Ruf. Paula fing vor 10 Jahren an, Vintage-Kleidung zu sammeln. Als ihr Kleiderschrank aus den Nähten platzte (typisch!), fing sie an, auf eBay zu verkaufen. Das Geschäft lief so gut, dass sie einen Laden eröffnete. Außerdem mag sie den Kontakt mit ihren Kunden. Manchmal sind es ältere, die Kleider aus den 70er-Jahren für eine Party oder Faschingsfete mieten wollen, manchmal auch jüngere, die gern jeden Tag Vintage tragen. Nostalgische Omas können ihre Enkel hier mit authentischen Stücken aus den 70ern einkleiden oder Vorhänge aus derselben Zeit kaufen. Und Oktoberfest-Verrückte können hier auch ein Dirndl ausleihen. Wer keine Zeit hat, den Laden zu durchstöbern, kann sich auf der Website umsehen. Versendet wird in alle Welt.

STYLO

Hagelbergerstraße 52
030 604 011 78
funda@stylo-berlin.de/ www.stylo-berlin.de
Mo-Fr 11:00-18:00; Sa 12:00-16:00
U6 Mehringdamm

In dem geräumigen Laden sind die Kleider nach Farben sortiert, und im Gegensatz zu vielen muffigen Second-Hand-Läden duftet es hier angenehm. Das Angebot reicht von teuer bis günstig, von Boss über Zara bis zu No-Name-Stücken. Außerdem gibt es schicke Schuhe, Accessoires und Kleidung für Schwangere. Wer nach einer ausgedehnten Shopping-Tour eine Pause braucht, kann sich im Eingangsbereich, der wie ein Wohnzimmer gestylt ist, ein bisschen ausruhen.

FRIEDRICHSHAIN

A&V MICHAELIS

Warschauer Straße 62
030 293 526 65
Mo-Fr 11:00-19:00; Sa 11:00-16:00
U1&S Warschauer Straße

Endlich ein Second-Hand-Modeladen für
Männer! Hier gibt es allerlei angesagte
Marken wie Carhartt, Diesel, Boss, Puma,
Adidas, Pelle Pelle, Stüssy, Converse und
viele andere – Anzüge, Hosen, Schuhe,
T-Shirts und Jackets. Und wenn etwas
nicht perfekt passt, wird es gleich vor Ort
geändert.

BERLINER MODEINSTITUT

Samariterstraße 31
030 420 190 88
info@berliner-modeinstitut.de
www.berliner-modeinstitut.de
Mo-Sa 12:00-19:00
U5 Samariterstraße

Feminine, saubere, farbenfrohe Partykleider, Freizeitkleidung, Handtaschen
und Schuhe. Klangvolle Markennamen
sind hier nicht unbedingt ausschlag-
gebend. Sie sind zu einer Themenparty
eingeladen und wissen nicht, für welches
Jahrzehnt Sie sich entscheiden sollen?
Im Berliner Modeinstitut finden Sie viele
Party-Outfits, aber eine Spezialität sind
Swing-Kleider aus den 20er-Jahren.
Guten Rat beim Zusammenstellen eines
außergewöhnlichen Outfits bekommen
Sie von der Ladenbesitzerin oder aus den
historischen Modezeitschriften, die auf
dem Couchtisch liegen. Was nicht passt,
wird passend gemacht.

GEILE JACKEN

Krossener Straße 24
030 782 784 7
geile-jacken@web.de
Di-Fr 15:00-19:00; Sa 13:00-18:00
S&U1 Warschauer Straße

Was soll ich sagen? Tonnenweise coole Lederjacken in allen möglichen Stilen.

HUMANA

Frankfurter Tor 3
030 422 201 8
info@humana-second-hand.de
www.humana-second-hand.de
Mo-Fr 10:00-20:00
U5 Frankfurter Tor

Humana ist die größte deutsche Kette von Charity-Shops in Deutschland. Allein in Berlin gibt es neun Läden. Ich stelle hier den größten vor, aber schauen Sie ruhig auf der Website nach, ob ein anderer Laden in Ihrer Nähe liegt. Zurzeit wird hauptsächlich Kleidung aus den 80er-Jahren angeboten, außerdem klassische Anzüge und Kostüme, Kinderkleidung und XXL-Größen.

In Berlin, Stuttgart, Hamburg und Köln sind große, gelbe Spendenboxen aufgestellt, aus denen sich das Warenangebot der Geschäfte zusammensetzt. Humana exportiert auch Kleidung ins Ausland. Das Hauptanliegen des Unternehmens ist die Wiederverwertung. »Wir bringen gebrauchte Kleidung aus reichen Ländern in ärmere Länder.«

JIBBOO

Bänschstraße 77
030 428 008 44
info@jibboo.de/ www.jibboo.de
Mo-Fr 10:00-18:00; Sa 10:00-16:00
U5 Samariterstraße

Jibboo hält ein großes Angebot an
Second-Hand-Kinderkleidung bereit.
Rückentragen, Babybettchen und andere
Dinge, die man nur für kurze Zeit braucht,
kann man dort auch ausleihen.

OSCAR

Müggelstraße 11a
030 633 718 04
adirothkoegel@web.de
Mo-Do 9:30-18:00; Fr 9:30-15:00
U5 Samariterstraße

Der neu eröffnete Laden bietet neue
und gebrauchte Kleidung für Kinder
und Frauen an, außerdem Schmuck,
Spielzeug, Bücher und Kinderwagen.
Die Gebrauchtwaren werden auf Kommissionsbasis verkauft und stammen aus
Privathaushalten in der Nachbarschaft.

KLEIDER-MOTTE

Krossener Straße 29
030 203 180 90
Mo-Fr 11:00-19:00; Sa 12:00-16:00
U5 Samariterstraße

Der sehr ruhige, gut ausgestattete Laden
verkauft Kleider, Babybetten, Bücher
und Holzspielzeug. Alles ist sauber
und in gutem Zustand, ob es sich um
Markenprodukte oder No-Name-Ware
handelt. Als ich den Laden besuchte,
standen draußen viele Kinderwagen
bereit. Insgesamt machte das Geschäft
einen sehr angenehmen Eindruck.

PARIS SECOND HAND

Samariterstraße 6
030 498 544 85
Mo-Fr 10:00-19:00; Sa 10:00-14:00
U5 Samariterstraße

Ausgesuchte Kindermode aus Frankreich wird in diesem winzigen, süßen Laden angeboten, der bei eingeweihten Familien in ganz Deutschland bekannt ist. Gutes Design und Textilien von guter Qualität. Mais oui!

ROCKING CHAIR

Gabriel-Max-Straße 13
030 293 642 91
info@rockingchair-berlin.de
www.rockingchair-berlin.de
Mo-Fr 12:00-19:00; Sa 10:00-16:00
U1&S Warschauer Straße

Rocking Chair ist wie ein Ausflug in eine Welt voller Behaglichkeit, Wärme, Kreativität und Ideenreichtum. Die Besitzer leben den Rockabilly-Stil, und so sieht der Laden auch aus. Sie haben sich mit Dingen umgeben, die sie mögen: Vintage-Kleidung, Accessoires aus den 40er bis 70er-Jahren, Antiquitäten aus dem 20. Jahrhundert. Spezialitäten des Angebots sind alte Hawaii- und Bowling-Shirts, College-Jacken, Rockabilly, Country Style und Beach-Jackets aus den 60er-Jahren. Mich hat vor allem die Badekleidung begeistert. Nicht nur, weil sie so schön ist, sondern auch, weil sie in den Berliner Läden sonst schwer zu bekommen ist: Badehosen mit hohem Bund, Badeanzüge, Bikinis, Strandkleider aus den 50ern und Beach-Jackets aus den 60ern. Ein handverlesenes Angebot, überwiegend aus den USA, aber auch aus Deutschland, Frankreich und England.

SIR HENRI & MY FEET

Grünberger Straße 37&47
030 218 96 60
info@sir-henri.de/ www.sir-henri.de
Mo-Sa 10:00-20:00
U1&S Warschauer Straße

Beim Betreten des Ladens sieht man so viele Puma- und Adidas-Jacken, dass man meint, in einem Museum gelandet zu sein. Supercoole Old-School-Stücke! Erinnern Sie sich an die Sprinter-Shorts mit dem Schlitz an der Seite? Genau. Jede Menge davon, Seite an Seite mit Motorradjacken, Levi's-Jeans und 20 Jahre alten deutschen Armeejacken.

Sir Henry steht seit seiner Kindheit auf alte Sachen. »Ich mag alte Sachen ebenso gern wie ein gutes, altes Musikstück. Darum trage ich eine alte Jeans.« So sieht echte Vintage-Kultur aus: ein Laden mit Ikonen der Sportmode. Im Schwesterladen My Feet (Hausnummer 47) finden Frauen farbenfrohe Kleider aus den 60ern und 70ern, Schuhe, Taschen und Kopfbedeckungen.

TRASH-SCHICK

Wühlischstraße 31
030 200 535 26
www.trashschick.de
Mo-Sa 12:00-20:00
U1&S Warschauer Straße

Dies ist der Laden für all die Hipsters da draußen, für Männer ebenso wie für wie Frauen. Trash-Schick bietet sehr gut erhaltene Schuhe, Röcke und Anzüge aus den 60er Jahren an. Unter den Stammkunden sind viele Engländer und Skandinavier, vielleicht weil sie – wie der Laden selbst – der Mode meistens um zwei Jahre voraus sind.

ROCKING CHAIR

Ingo Zahn legt Wert darauf, Second Hand und Vintage klar zu unterscheiden. Darin stimme ich ihm zu. »Second Hand sind alte, abgetragene Sachen, die du nicht mehr magst. Also gibst du sie in einem Laden ab, um sie loszuwerden. Vintage dagegen sind Marken mit Sammlerwert und Stücke, ohne die du nicht leben kannst.« Besser hätte ich es auch nicht ausdrücken können. Allerdings glaube ich, dass auch Second- Hand-Stücke, an denen jemand anders das Interesse verloren hat, durchaus schön sein können.

Ingo sammelt seit 1982 Bowling-Shirts. Früher schleppte er auch Modelle nach Hause, die ihm gar nicht passten. Er wollte sie einfach haben, weil sie so ungewöhnlich waren. »Vintage ist ein Hobby. Für meine Frau und mich dreht sich das ganze Leben um alte Sachen: unsere Möbel, unser Auto, die Kaffeemaschine, der Plattenspieler – alles ist alt. Das ist ein Lebensstil.« Ihr Lebensstil ist auf Entschleunigung angelegt. Wenn sie nach Hause kommen, ist das wie eine Rückkehr in die Vergangenheit. Ihre ganze Wohnumgebung hat etwas sympathisch Altmodisches.

Der Schaukelstuhl stammt von den Großeltern, und der Name des Ladens knüpft an Rocking Chair on the Moon von Bill Haley an. Er ist Synonym für Behaglichkeit – und darum geht es den beiden.

Als sie ihr Rockabilly-Leben begannen, war das etwas Ungewöhnliches, doch inzwischen ist es hip geworden. Es ist kein Lebensstil mehr, sondern ein Trend. Aber Ingo steckt der Rockabilly im Blut – das sieht man an seinen Tattoos, seinem Haarschnitt und seinem Brillengestell.

Ingo begeistert sich für Bücher über Kunst, Antiquitäten und Geschichte. Einkaufen mag er besonders gern auf dem Rose Bowl Markt in Los Angeles. Einmal im Jahr fährt er oder seine Frau dorthin, weil sie dort wunderbare Stücke mit Sammlerwert finden: »95% der heutigen Kunden wissen nicht genau, was sie suchen. Aber wenn sie zum Beispiel anfangen, Swing zu tanzen, dann zeigt das ihr Interesse an den 20er und 30er-Jahren, an der Kultur und dem Lebensgefühl dieser Zeit. Darin unterstütze ich sie.«

Die Zukunft findet jeden Tag statt. Ingo lebt mit der ständigen Herausforderung, dafür zu sorgen, dass seine Kunden jede Woche etwas Neues in seinem Laden finden. Seine neueste Leidenschaft sind Berufskleidung und Bademoden.

Er beschließt unser Gespräch nachdenklich. »Alt und Neu werden dichter zusammenrücken, weil das Neue ohne das Alte nicht existieren kann. Das beweist beispielsweise die diesjährige Modemesse Bread & Butter, bei der neue Waren und Vintage-Produkte Seite an Seite präsentiert werden.«

»Alt und Neu werden dichter zusammenrücken,
weil das Neue
ohne das Alte nicht existieren kann.«

INGO ZAHN, ROCKING CHAIR

 –

BLUE EYES

Eberswalder Straße 23
030 44 032 314
blue-eyes.berlin@freenet.de/
www.optiker-berlin.com
Mo-Fr 11:00-18:00; Sa 10:00-16:00
U2 Eberswalder Straße
oder
Alt-Moabit 109
030 25 091 409
Mo-Fr 10:00-18:00; Sa 10:00-16:00
U9 Turmstraße

Bei Blue Eyes findet man den Stil von
Audrey Hepburn, Buddy Holly und Paul
Panzer. Olivia, die Besitzerin des Ladens,
ist ausgebildete Augenoptikerin. Sie
bietet Brillengestelle aus verschiedenen
Dekaden an, angefangen mit den 1920er-
Jahren. Sie haben ein Modell zu Hause,
das zum Tragen zu verrostet ist? »Wir
arbeiten die kleinen Schätze auf und
verwandeln sie in echte Schmuckstücke,«
sagt Olivia. Sie möchten Ihre Gläser mit
einem UV-Schutz ausstatten lassen?
Dauert 20 Minuten.

COU-COU

Winsstraße 31
0173 726 940 3
carmenbasiri@web.de
Di-Sa 12:00-18:30
U2 Senefelderplatz

Diesen Laden hält man nicht für einen
Second-Hand-Shop, bis man die Preis-
etiketten studiert. Vielleicht liegt es
daran, dass die Besitzerin Carmen früher
im Kulturmanagement gearbeitet hat.
In ihrem Laden bietet sie Kleidung für
Männer, Frauen und Kinder an – modische
Stücke, kaum Vintage, aber gute Qualität
und schöne, ausgesuchte Stücke.

HILLY'S BERLIN

Kollwitzstraße 39
030 443 286 71
Mo-Sa starting at 11:00
U2 Eberswalder Straße

Wie auf einem Ponyhof ... traditionelle
Country-Kleidung für Kinder und Frauen
(auch schwangere). Vor allem für die
Kleinen gibt es reichlich Glamour: Petit
Bateau, Palomino, Cosilana, aber auch
Basic-Wäsche für Neugeborene aus Bio-
Materialien. Niedlich und anspruchsvoll.

MEINS & DEINS
THE REAL FLASHBACK

Danzigerstraße 38
0176 648 15965
www.meinsunddeins.com
Mo-Sa 11:00-20:00
U2 Eberswalder Straße

Dies ist ein Laden für Radfahrer und
Fußballfans. Hier gibt es Original-Radler-
Shirts und Adidas-Fußball-Shirts im Alter
von einem bis 40 Jahren, außerdem ein
paar Motorradjacken, Jeans, Hosen und
Strickjacken.

NYX

Zionskirchstraße 40
0177 9281005
angela.konz@arcor.de
Di-Fr 13:00-20:00; Sa 12:00-17:00
U8 Rosenthaler Platz

Wer nähen kann, ändert seine Einkäufe aus diesem Laden selbst. Sie können es nicht? Dann erledigt Angela es für Sie – oder zeigt Ihnen, wie es geht. Echte Vintage-Mode ist nicht im Angebot, stattdessen 1–2 Jahre alte Mode, Taschen und Schuhe. Für Männer gibt es einige Schuhregale mit beeindruckenden Modellen.

OPTIKING

Eberswalder Straße 34
030 473 724 88
info@optiking.de/ www.optiking.de
Mo-Sa 12:00-20:00
U2 Eberswalder Straße

Katzenaugen, Achteck, Honecker-Brillen und andere Modelle aus den 50er bis 90er-Jahren. Der Besitzer interessiert sich seit seinem 15. Lebensjahr für Brillen. Später sammelte er sie und verkaufte sie an Stränden und auf Flohmärkten. Das Geschäft lief so gut, dass er einen Online-Shop eröffnete und später diesen netten Laden bezog. 80% der sehr gut erhaltenen Brillen kommen aus Europa. Ein Besuch lohnt sich auf jeden Fall. Im Online-Shop können Sie zwischen vielen Markenmodellen stöbern, aber im Laden entdecken Sie vielleicht genau das No-Name Modell, das Sie schon immer gesucht haben. Da bekommt man richtig Lust, eine Brille zu tragen – auch wenn man gar keine braucht.

PAUL'S BOUTIQUE BERLIN

Oderbergerstraße 45&47
030 440 337 37
info@ paulsboutiqueberlin.com
www.paulsboutiqueberlin.com
Mo-Sa 12:00-20:00
U2 Eberswalder Straße

Es fing alles damit an, dass der Ladenbesitzer selbst gern auf die Jagd nach
Vintage-Kleidung und Schuhen ging.
Und weil man nicht viel Geld braucht, um
einen Laden damit zu füllen, eröffnete er
Paul's Boutique. Benannt ist der Laden
nach einem Album der Beastie Boys, und
ebenso bunt ist auch der Mix an Stilen
und Gattungen. »Seltsamerweise haben
nur wenige Leute den Zusammenhang
verstanden. Stattdessen haben sie mich
Paul genannt, und sie tun es noch immer.
Das stört mich nicht, weil es ein schöner
Name ist«, sagt Paul.

Vintage ist für ihn jedes sammelnswerte
Stück, das nicht mehr produziert wird.
Die Auswahl trifft er nach Bauchgefühl
und anhand aktueller Trends. »Momentan
wollen alle Jeans von Acne. Man muss
sich nur die Kids ansehen und versuchen,
die Sachen zu besorgen.« Und da junge
Leute nun mal erschwingliche Kleidung
mögen ...

Weil Paul's so beliebt ist, gibt es inzwischen drei Läden, von denen jeder einen
anderen Schwerpunkt hat. Zwei liegen
in der Oderbergerstraße. Bei Goo gibt
es Second-Hand-Designerklamotten:
Acne, A.P.C., Miu Miu, Dior, Chanel,
Bernhard Willhelm, Marc Jacobs,
McQueen, YSL, Y-3, Comme des Garcons.
Im »Mutterschiff« (dem ersten Laden)
bekommt man Sneakers, T-Shirts- Jeans
und Streetwear: Levi's, M65 Armeejacken,
Stiefel ... Sachen aus den 70er und 80er
Jahren, die mit dem Alter nur schöner
werden. Der dritte Laden in der Torstraße
76 hat neben der neuen Kollektion von
Cheap Monday auch Vintage-Lederjacken,
Doc Martens und Hemden im Sortiment.

Dass Paul selbst ein Sammler ist, kann
man nicht übersehen. Wände und Regale
sind angefüllt mit Spielzeugrobotern,
Ghettoblastern und Star-Wars-
Sammelobjekten. Er hat es wirklich
geschafft, seine Leidenschaft zum Beruf
zu machen. Hut ab!

SCHNEEWITTE

Hufelandstraße 12
030 467 947 79
www.schneewitte.de
Mo-Fr 11:00-18:30; Sa 11:00-14:00
M4 Hufelandstraße

Schneewitte ist ein absolut niedlicher Laden inmitten von Geschäften und netten Cafés in einer der geschäftigsten Straßen am Prenzlauer Berg. Sie sollten unbedingt einmal hereinschauen. Das Angebot ist sorgfältig ausgesucht, und die Preise sind ausgesprochen fair. Hier gibt es Bekleidung für Frauen, Taschen, Accessoires und Schuhe von den 80er-Jahren bis heute.

Sehenswert!

SECONDHAND

Kastanienallee 6
030 443 084 45
Mo-Fr 11:00-20:00; Sa 11:00-16:00
U2 Eberswalder Straße

Ich weiß, der Name sagt nicht so viel, aber ... der Laden hängt voll mit günstigen Lederjacken. Motorradfans sollten ihn kennen. Und sonst? Adidas-Originale, College-Strickjacken, Hemden und Schuhe.

SENTIMENTAL JOURNEY

Husemannstraße 2
info@sentimentaljourney-berlin.de/ www.
sentimentaljourney-berlin.de
Mo-Sa 12:00-19:00
U2 Eberswalder Straße

Diese Reise ist ein Feuerwerk der
Nostalgie. Saubere Kleider und Kostüme
ohne Löcher, Hüte, Schuhe und
Männerkleidung von den 20er bis zu
den 80er-Jahren. Besucher aus aller Welt
kommen in diesen Laden, vielleicht auch
wegen der besonderen Ausstrahlung der
Besitzerin. Sie sagt: »Ich möchte, dass sich
die Leute in ein Kleidungsstück verlieben.
Stücke aus Massenproduktion wecken
kein Verlangen. Aber hier fühlt man
den brennenden Wunsch, das eine oder
andere Stück zu besitzen.«

SOEUR

Marienburger Straße 24
030 328 91 52 0
nina@soeur-berlin.de /www.soeur-berlin.de
Mo-Fr 11:00-19:00; Sa 11:00-18:00
U2 Senefelderplatz

Stellen Sie sich einen Laden voller
Designerkleidung vor, die gekauft, aber
nie getragen wurde. Solche Fehlkäufe
landen bei Soeur. Keine Vintage-Kleidung,
sondern ausgesuchte Designer-Second-
Hand-Mode von aktuellen Luxuslabels
wie APC, Isabel Marant, Margiela, Marni,
Bally, Balenciaga oder Valentino. Die
Jeans stammen ausschließlich von Acne,
und die Schuhauswahl ist beeindruckend
groß. Einer der glamourösesten Second-
Hand-Läden, die man in Berlin findet.

»Ich liebe Second-Hand-Kleidung.
Ich bin total verrückt nach alten Sachen.«

NINA, SOEUR

Soeur

»Ich liebe Second-Hand-Kleidung. Ich bin total verrückt nach alten Sachen.« So begann mein Gespräch mit Nina. Ich saß auf einer schweren, uralten Holzbank (auch zu verkaufen), die aussah, als käme sie direkt aus dem Garten der Großeltern. Ninas Begeisterung rührt daher, dass sie jeden Tag neue Überraschungen entdeckt. »Es fühlt sich immer an wie Weihnachten, wenn neue Schätze in Form luxuriöser Kleidungsstücke in meinen Laden kommen. Man kann gar nicht mehr wegschauen«, sagt sie.

Die Besitzerin von Soeur hat 15 Jahre im Musikmanagement gearbeitet. Nach der Geburt ihres Kindes hat sie sich in das Second-Hand-Abenteuer gestürzt. Sie ist seit jeher ein Flohmarkt-Freak und besaß einen niedlichen Second-Hand-Laden für Kinder, aber jetzt hat sie sich ausschließlich der Luxuskleidung zugewandt.

Einen Blick in anderer Leute Kleiderschränke hat sie schon immer gern riskiert, und nun tut sie es von Berufs wegen. Wie das? Sie hat einige Kunden, die ihr tatsächlich erlauben, ihre Kleiderschränke zu inspizieren und Dinge auszusuchen, um sie an neue Besitzer weiterzugeben.

Nina mag die langen, verkaufsoffenen Abende in ihrem Laden. Sie liebt ihre Arbeit und trägt die luxuriösen Marken auch gern selbst.

STIEFEL KOMBINAT

Eberswalder Straße 21&22
info@stiefelkombinat.de
www.stiefelkombinat.de
Mo-Sa 10:00-22:00
U2 Eberswalder Straße

Wenn man über den Bürgersteig geht, kann man diesen Laden nicht verfehlen, und das ist auch gut so, denn er ist eine Sehenswürdigkeit. Am Eingang türmen sich Reisetaschen zu einer coolen Dekoration. Beide Läden – einer für Männer und einer für Frauen – bestechen durch ihre Größe und ihr Angebot. Da gibt es echte Vintage-Kleidung, buchstäblich tausende von Schuhen, Hüten, Badeanzügen und Handtüchern. Das Highlight ist ein riesiges Sortiment von Stiefelmodellen aus der Zeit bis zu den 80er-Jahren. Alle werden repariert und aufgefrischt, bevor sie zum Verkauf angeboten werden.

THRIFT STORE

Kastanienallee 67
0170 448 667 7
myspace.com/thriftstoreberlin
Mo-Sa 13:00-19:00
U8 Rosenthaler Platz

In diesem Laden in einem der angesagtesten Gebiete Berlins finden Männer und Frauen das Stück, was zum sportlichen Outfit noch fehlt. Jeans und Adidas-Schuhe, so weit das Auge reicht.

ALEX VINTAGE STORE

Rosa-Luxemburg Straße 17
030 847 120 08
www.vintage-alex.de
Mo-Fr 12:00-20:00; Sa 12:00-20:00
U8 Alexanderplatz

Second-Hand-Kleidung, Schuhe und Accessoires aus den 60er und 70er-Jahren.

Hier kommen Sie der perfekten Vintage-Ästhetik ein Stück näher. Warum? Wegen der eindrucksvollen, großen Auswahl. Wer den authentischen Stil der 60er und 70er mag, findet hier alles Nötige. Die Kleidung ist nach Farbe und Herkunftsland sortiert (Dänemark, Norwegen, Belgien, USA und England). Überwiegend Alltagskleidung, aber auch Sportliches von Adidas und Lacoste, ein paar Partykleider und hier und da ein Luxuslabel zwischen den unbekannteren Marken.

Und falls Sie noch unter den Folgen der gestrigen Party leiden, können Sie hier auch eine Kaffeepause einlegen. Wenn Sie für mehr als € 30 einkaufen, bekommen Sie ein Accessoire geschenkt. Nette Idee!

ANTIQUE &VINTAGE JEWELLERY OLIVER RHEINFRANK

Linienstraße 44
030 206 891 55
or@antique-jewellery.de
www.antique-jewellery.de
Mo-Sa 11:00-19:00
U2 Rosa-Luxemburg-Platz

Ein Schmuckliebhaber mit einer Schwäche für Antiquitäten, der Kunstgeschichte studiert hat und gern einzigartige Stücke sammelt – das ist die Basis dieses herrlichen Ladens für antiken Schmuck. Der Besitzer verfügt über viel Geschmack und das Talent, die schönen Stücke perfekt zu präsentieren. Das Geschäft ist so hell und freundlich, dass man kaum vermutet, hier alte Schätze zu finden.

Die kleinen Kostbarkeiten aus der Zeit zwischen etwa 1750 und 1950 stammen aus Europa. Ein besonderes Highlight sind die viktorianischen Halsketten aus dem 19. Jahrhundert und die große Auswahl von Stücken aus England, die mit – damals – hochmodernen industriellen Techniken hergestellt wurden, beispielsweise Stahlohrringe, die wie Diamanten schimmern. Interessante Materialien sind auch Jet (eine kohleartige Substanz) und Vulcanid (Gummi aus Malaysia). Ausgesprochen bezaubernd.

BLITZ BOUTIQUE BERLIN

Krausnickstraße 23
030 755 288 89
mail@blitz-boutique.com
www.blitz-boutique.com
Mo-Sa 12:00-20:00
U6 Oranienburger Tor

Hier bekommt man Original-T-Shirts von Bands wie The Ramones, Cheap Trick, Die Toten Hosen und anderen. Eröffnet wurde das Geschäft von einem Musikjournalisten, der hier einem Nebenzweig seiner Begeisterung nachgeht. Wenn das Shirt Ihrer Lieblingsband auf dem Konzert ausverkauft war, haben Sie hier gute Chancen, es hier zwischen hunderten anderer zu finden. Das älteste Shirt? The Clash von 1977.

CALYPSO

Rosenthalerstraße 23
calypso@calypsoshoes.com
www.calypsoshoes.com
Mo-Fr 12:00-20:00; Sa 12:00-18:00
U8 Weinmeisterstraße

Ein Schuhparadies mit verschiedens-
ten Stilen, Farben und Materialien für
alle Jahreszeiten. Hier haben sie beste
Chancen, genau das Paar zu finden, das
Sie seit Jahren suchen – Kork-Plateau aus
den 70ern? Armeestiefel aus den 30ern?
Hauptsächlich Modelle von etwa 1930 bis
in die 80er-Jahre.

CASH

Rosa-Luxemburg Straße 11
030 280 965 00
info@apartmentberlin.de
www.apartmentberlin.de
Mo-Fr 11:00-19:00; Sa 12:00-19:00
S+U Alexanderplatz

Second-Hand-Designerklamotten
der vorigen Saison. Wenn Sie sich für
Moschino Couture, Rick Owens, Comme
des Garcons oder Jil Sander interessieren, dann machen Sie sich auf den Weg
zu Cash. Der Eingang ist recht unauf-
fällig, leicht zu verfehlen. Die Tür führt
in einen schmalen Flur, dem irgendwie
der Hauch des Illegalen anhaftet. Das
Schwestergeschäft Apartment ist luxuriöser und bietet hochklassige Kleidung
an. Sie sollten beide kennen lernen!

DAS NEUE SCHWARZ

Mulackstraße 37
027 874 467
contact@ dasneueschwarz.de
www.dasneueschwarz.de
Mo-Sa 12:00-20:00

Auf die Idee, diesen Laden zu eröffnen,
kam Tanya Bednar durch ihren Vater,
der ein Antiquitätengeschäft in Wien
besitzt. Ihre Begeisterung für Mode
kombiniert sie hier mit dem vom Vater
geerbten Talent für die gekonnte Auswahl
alter Stücke. Sie verkauft exklusive
Markenmode – auch für Männer – aus
Brüssel, London, Paris und Wien. Viele
sehen aus, als seien sie nie getragen worden. Tanya hat außerdem einen Blick für
schöne Schuhe.

Sie kleidet gern Menschen verschiedener
Nationalitäten ein, vor allem Japaner,
die sie für besonders experimentier-
freudig und extravagant hält. Ihr Laden
liegt etwas versteckt im Hinterhof des
Gebäudes.

GARMENTS

Linienstraße 204-205 & Stargarderstraße 12 A
030 747 799 19 or 030 284 777 81
mail@garments-vintage.de
www.garments-vintage.de
Mo-Sa 12:00-19:00
U2 Rosenthalerplatz

Die beiden Betreiberinnen dieses Ladens haben früher als Kostümdesignerinnen beim Film gearbeitet – das sagt genug über die Qualität ihrer Warenauswahl. Es begann damit, dass sie keine hochwertige Second-Hand-Kleidung finden konnten, also sorgten sie selbst dafür: In ihrem sauberen, stylischen, neu wirkenden Laden bekommt man Stoffe mit ausgefallenen Mustern, eine tolle Mischung aus Stilrichtungen und einige originelle Teile, die einfach herrlich schrill sind. »Ich wähle nach Gefühl aus. Es muss etwas sein, das toll aussieht und selten ist – etwas, das ich noch nie gesehen habe«, sagt eine der Besitzerinnen. Kleidung für Männer und Frauen ist sorgfältig nach Farben sortiert. Die Bandbreite der Stile variiert zwischen 80er-Jahre-Glamour, Punk und Kunterbuntem.

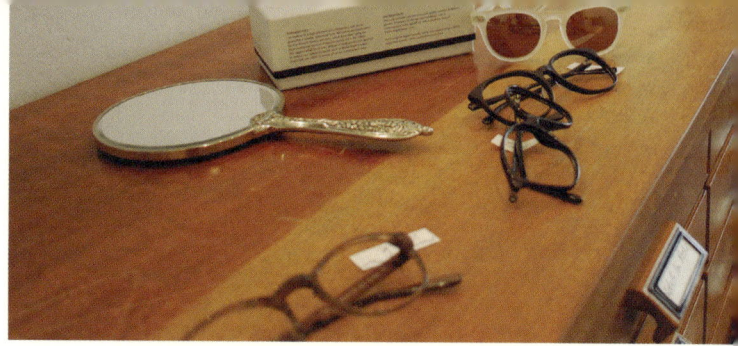

GLANZSTÜCKE

Sophienstraße 7 – Hackesche Höfe
030 208 267 6
www.glanzstuecke-berlin.de
Mo-Sa 12:00-19:00
U8 Weinmeisterstraße

Modeschmuck war ursprünglich für Kurzlebigkeit konzipiert, als Dekoration für ein besonderes Outfit. Darum wurden weder wertvolle Metalle noch Edelsteine verarbeitet. Eigentlich war es nicht für Sammler gedacht, doch die Zeit hat ihre eigenen Gesetze – was das Angebot bei Glanzstücke beweist. »Bei Modeschmuck geht es vor allem um das Charisma, die Ausstrahlung des Designs. Natürlich drückt er auch in besonderer Weise den Zeitgeist seiner Entstehungsepoche aus, mal schrill, mal edel, mal experimentell,« sagt die Besitzerin. Es begann mit einem Besuch auf dem Portobello Market in London. Von dort brachte sie Halsketten aus den 70er-Jahren mit, die zu Hause auf dem Flohmarkt reißenden Absatz fanden. Sie reiste mehrmals nach London, um Nachschub zu holen, ihr Geschäft wuchs, und heute kauft sie auch in den USA und Frankreich ein: Broschen von Eisenberg, Ketten von Miriam Haskell, Manschettenknöpfe, Ohrringe, Ringe. Vorsicht, Mädels: Ihr braucht eine Menge Zeit, um all die Schätze aus den 20er, 30er und 50er-Jahren zu bestaunen.

LUNETTES BRILLENAGENTUR

Marienburger Straße 11
030 437 394 65
info@lunettes-brillenagentur.de
www.lunettes-brillenagentur.com
Mo-Fr 12:00-20:00; Sa 12:00-18:00
U2 Senefelderplatz
oder
Torstraße 172
030 20 21 52 16
Mo-Fr 12:00-20:00; Sa 12:00-18:00
U8 Rosenthaler Platz

Bei Lunettes bekommt man unbenutzte Originalbrillen und Sonnenbrillen von Marken wie Dior, Jaguar, Saphira, Cazal, Ray-Ban oder Robert La Roche. Außergewöhnliche Modelle und hochwertige No-Name-Brillen stehen bei Kreativen, Designern, Schauspielern oder jungen und alten Normalkunden, die gern klassische Brillenmodelle mögen, hoch im Kurs. Zurzeit ist die Panto-Form aus den 50er-Jahren sehr begehrt. Und immer noch das Modell, das Harry Potter trägt. Der Laden in der Torstraße ist mit einem Spezialschrank für Brillen aus dem Jahr 1952 ausgestattet, der einmal bei einem Optiker in Babelsberg stand. Jede der 56 Schubladen hat Platz für zwölf Brillen. Kürzlich hat Lunettes die erste eigene Kollektion auf den Markt gebracht, die in ganz Europa und auch in Asien guten Anklang fand.

MADE IN BERLIN

Friedrichstraße 114 A
030 240 489 00
www.kleidermarkt.de
Mo-Fr 10:00-19:00; Sa 12:00-20:00
U6 Oranienburger Tor
oder
Neue Schönhauserstraße 19
030 212 306 01
www.kleidermarkt.de
Mo-Fr 12:00-20:00; Sa 12:00-20:00
U8 Weinmeisterstraße

Eine große Auswahl von Schuhen und passenden Schals ist nach Farben sortiert. Hier müssen Sie etwas tiefer in die Tasche greifen, aber die Investition lohnt sich: Vintage-Kleidung und Markenware, Sportschuhe und Accessoires.

Made in Berlin gehört zu den drei Topadressen der Second-Hand-Szene. Der Laden überzeugt mit der Vielfalt und Qualität der sorgfältig präsentierten Waren. Die ausgesuchten, trendigen Klamotten stehen bei Fashionistas hoch in Kurs. Stellen Sie sich einen H&M mit Second-Hand-Ware vor... so etwa ist Made in Berlin. In der Happy Hour (zurzeit mittwochs zwischen 10 und 15 Uhr) zahlen Sie 20% weniger.

O.F.T.

Chausseestraße 131B
030 605 060 52
ohnefragetoll@web.de/
www.ohnefragetoll.de
Mo-Fr 13:00-20:00; Sa 13:00-18:00
U6 Oranienburger Tor

Der Eingang sieht etwas stolpergefährlich aus, und der graue Beton wirkt fast ein bisschen baufällig. Aber geben Sie Ihrer Neugier nach und entdecken Sie drinnen exzentrische, handverlesene Waren: Kleidung, Schuhe, Hüte, Accessoires und andere Dinge, die man anziehen oder als Wohnungsdeko verwenden kann. In den Ecken versteckt: Escada und Dior aus den 80er-Jahren. Der Laden wird seinem Namen gerecht: O.F.T. (= ohne Frage toll).

»Eine Brille ist eine sehr intime und persönliche Sache.«

UTA, LUNETTES

Lunettes

Utas Geschichte reicht zurück in ihre Zeit an der Frankfurter Uni, wo sie Kunstgeschichte und Film studierte. Als sie für ihre Abschlussarbeit viele Stunden in der Bibliothek saß, litten ihre Augen und sie musste sich eine Brille anschaffen. Da sie ein Vintage-Fan war, beschloss sie, sich eine Katzenaugenbrille im Marilyn-Stil zu kaufen. Nur leider waren solche Brillengestelle nirgends zu bekommen. Sie überlegte, woran das liegen möchte. Immerhin waren Brillen Design- und Modeobjekte, also musste es irgendwo auch einen Markt für Vintage-Brillen geben. Damals entstand die Idee, sich in diesem Segment selbstständig zu machen. Sie fand einen coolen Brillenschrank, den sie in der Garage ihrer Eltern unterstellte, bis sie sich finanzielle Unterstützung für ihre Geschäftsidee gesichert hatte. Sie zog nach Berlin und richtete einen 17 Quadratmeter großen Laden ein, der zwei Jahre lang ihre ganze Welt war, bis sich wirtschaftliche Erfolge einstellten.

»Unbewusst habe ich die Qualität, das Design und die Handwerkskunst von Vintage-Brillen wohl schon erkannt, als eine Freundin mir eine Dior-Brille zeigte, die sie auf einem Flohmarkt in Tel Aviv gekauft hatte«, sagt Uta.

Die Vintage-Brillen, die Uta in ihrem Geschäft anbietet, stammen meist aus den 40er und 50er Jahren und sind in Topzustand. Ich habe mich gefragt, ob der Reiz wohl verloren geht, wenn die Brille nie zuvor getragen wurde. Aber Uta hat ein gutes Argument. »Eine Brille ist eine sehr intime und persönliche Sache, fast wie Unterwäsche. Man trägt sie direkt auf der Haut. Da mag nicht jeder Gebrauchtes tragen.«

Seit 2010 produziert sie eine eigene Kollektion, die sich in den USA und Asien bestens verkauft. Es hat Utas Umsätzen gut getan, dass ein Fernsehstar aus Korea eine Brille aus der neuen Kollektion von Lunettes trägt. Allerdings passt diese Brillenform auch ausgezeichnet zu dem asiatischen Gesichtsschnitt. »Wer Brillen entwirft, muss bedenken, dass die Menschen in Asien ganz andere Nasen haben. Sie können sich nicht vorstellen, welchen Einfluss das auf die Gestaltung des Gestells hat.« Außerdem habe ich erfahren, dass Brillen in Japan geradezu Kultstatus haben. Offenbar fliegen die Frauen auf Männer mit Bärten und Brillen. Eins von Utas Modellen wurde in Japan als Brille des Jahres preisgekrönt.

Natürlich können gute Geschichten auch einen Kaufimpuls auslösen. Als in Deutschland die Serie Mad Men ausgestrahlt wurde, fragten die Kunden nach Brillen im Mad Men-Stil. Ähnlich verhielt es sich mit Tom Fords A Single Man und den Brillengestellen von Woody Allan.

€€€-€€€

RIANNA IN BERLIN

Große Hamburger Straße 25
030 864 509 18
info@riannainberlin.com
www.riannainberlin.com
Mo-Sa 12:00-19:00
U8 Weinmeisterstraße

Böse Zungen behaupten, dass es »echtes« Vintage in Berlin nicht gibt. Dem würde ich widersprechen und sie zu Rianna in Berlin schicken. mit einem Geschick, das an Hexerei grenzt, findet sie die besten Stücke, die in Berlin zu ergattern sind. Seit 25 Jahren hat sie Erfahrung mit der Auswahl – zuvor in ihrem Second-Hand-Laden in Athen, der Berlin hieß. Jetzt führt sie in Deutschland ihren Laden für wahre Vintage-Fans, die Sinn für Ästhetik und Wert haben (und das nötige Kleingeld). Ihre Auswahlkriterien: Farbe, Farbe, Farbe, beste Qualität und Drucke von Labels wie Hermès oder Emilio Pucci (ihre Favoriten). Außerdem verkauft sie Gobelintaschen und andere handgemachte Taschen und Kissenbezüge, die sie aus alten Textilien herstellt. In Ihrem Laden gibt es viel Schönes zu sehen.

€€€-€€€

SOMMERLADEN

Linienstraße 153
030 240 499 88
johanna@sommerladen.com
Mo-Fr 14:00-20:00; Sa 12:00-17:00
U6 Oranienburger Tor

Für Modefans, die auf der Suche nach Second-Hand-Designermode und Schuhen sind. Johanna Mattner präsentiert die makellosen Waren in ihrem Laden sehr geschmackvoll und ansprechend. Sie hat früher in der Modebranche gearbeitet und war für die Beschaffung von Kleidung und Requisiten zuständig. Miu Miu, Marc Jacobs, COS und andere Labels füllen die Regale. Fast jeden Tag gibt es etwas Neues zu entdecken, zum Beispiel Restbestände von Markenkollektionen und limitierten Serien. Die meisten Kleidungsstücke stammen aus privaten Haushalten, und manche Nachbarn, die weggezogen sind, schicken noch immer »Lieferungen« per Post.

Wenn Sie schon dort sind, schauen Sie bei dem witzigen Projekt und Laden „Do you Read Me?!" vorbei, oder machen Sie Pause in einem der netten Eckcafés.

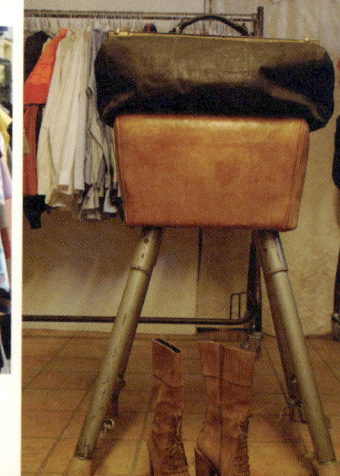

STERLING GOLD

Heckmann-Höfe, Oranienburger Straße 32
030 280 965 00
info@ wsterlinggold.de
www.sterlinggold.de
Mo-Fr 12:00-20:00; Sa 12:00-18:00
S Oranienburger Straße

Schließen Sie die Augen und stellen Sie
sich vor, in einem Ballsaal zu stehen,
inmitten von farbenfrohen Kleiderwolken
aus Spitzen und Tüll. Sie träumen nicht,
Sie sind bei Sterling Gold. Der Laden
bietet seit mehr als 12 Jahren eine riesige
Auswahl von amerikanischen Ballkleidern
aus den 1930er bis 50er-Jahren an.
Prachtstücke in allen Farben, für alle
Altersstufen vom kleinen Mädchen bis
zur 80jährigen Lady, cool oder schrill,
traditionell oder barock, für die Oper oder
zum Tanzen, und außerdem märchenhafte
Brautkleider.

XVII ODER DIX-SEPT

Steinstraße 17
030 544 828 82
c@xvii-store.com/ www.xvii-store.com
Mo-Fr 11:00-19:00; Sa 11:00-17:00
U2 Rosenthaler Platz

Dieser relativ neue Laden bringt erfri-
schend neuen Schwung und erlesenen
Geschmack in die Vintage-Szene. Die
Besitzerinnen sind selbst Vintage-Fans
und suchen ihre Waren – hauptsächlich aus den 80er-Jahren – mit viel
Feingefühl auf Flohmärkten in Italien
und San Francisco aus. Um zu beweisen,
dass Vintage nicht altmodisch, sondern
ausgesprochen cool aussehen kann,
präsentieren sie auf ihrer Tumblr-Seite
interessante Kombinationen. Zurzeit
besonders angesagt: asiatische Vintage-
Westen. Im Vergleich zu anderen Läden
ist der Stil hier sehr individuell und spe-
ziell. Auf meiner Top-5-Liste!

AUNES

Kolonnenstraße 3
0162 890 208 8
Di-Sa 14:00-18:00
U7 Kleistpark

Aunes stammt aus Dänemark und hat Industriedesign studiert. Jetzt bietet sie in ihrem Laden, der so heißt wie sie selbst, Kleidung und andere schöne Dinge von 1900 bis heute an. Kleider aus der Belle Epoque, Jugendstilschmuck, Spielzeug, Porzellan und Streichholzschachteln laden zum genüsslichen Stöbern ein. Ihre Auswahlkriterien: Es muss witzig sein und gut aussehen. Ein preiswerter Laden, eingerichtet von jemandem mit Geschmack.

FIRLEFANZ

Eisenacher Straße 75
030 781 747 5
www.firlefanz-berlin.de
Mo-Fr 14:30-18:30; Sa 11:00-15:00
U7 Eisenacher Straße

Ein zauberhafter Laden mit Klamotten
aus den 40er bis 60er-Jahren, darunter
schöne Accessoires aus Amerika, aber
auch Wohnaccessoires und kleine Möbel
wie Hocker oder Beistelltischchen in
Nierenform. Wer Hüte und Spitzen-
handschuhe liebt, sollte diesen Laden
unbedingt kennen.

LUMPENPRINZESSIN

Kyffhäuserstraße 19
030 806 143 68
info@lumpenprinzessin.de
www.lumpenprinzessin.de
Mo-Fr 10:30-18:30; Sa 11:00-15:00
U7 Eisenacher Straße

Ein gut ausgestatteter Laden für Mütter
und solche, die es werden wollen, Babys
und Kinder. Außer Kleidung werden auch
Bücher, Dreiräder, Karren, Bobby-Cars,
Kinder-DVDs und Videos angeboten.
Mehrere Niederlassungen. Schauen Sie im
Internet nach, ob eine in Ihrer Nähe liegt.

MIMI

Goltzstraße 5
030 23 63 8438
mimi@mimi-berlin.de/ www.mimi-berlin.de
Mo-Fr 12:00-19:00; Sa 11:00-16:00
U7 Eisenacher Straße

Mimi ist die Besitzerin Mirjam
Grese, deren Geschichte mit ihrer
Sammelleidenschaft für Hüte begann.
Irgendwann wurde die Wohnung zu
klein für ihre Sammlung, also beschloss
sie, sie mit der Welt zu teilen. Sie ver-
kaufte sie auf Flohmärkten, bis eine
Kostümbildnerin ihr sagte, es sei ein
Jammer, diese edlen und seltenen
Stücke zu verkaufen. Sie solle sie doch
lieber vermieten – und genau das tat
Mimi. Der Erfolg war so groß, dass
sie einen Laden eröffnete. Im Lauf
von zehn Jahren wurden Laden und
Angebotspalette größer. Obwohl Eingang
und Schaufenster wild-romantisch aus-
sehen, findet man bei Mimi auch eine
bestens sortierte Spezialabteilung für
Männer, in der es Krawatten und Fliegen,
Manschettenknöpfe, Hosenträger,
Anzüge und Fräcke gibt. Frauen können
zwischen Schätzen von 1880 bis 1950
stöbern: Kleider, Gobelin-Handtaschen,
Zigarettenspitzen, Morgenmäntel und
Bettwäsche. Auch Kinderkleidung ist im
Angebot. Wenn Ihnen das noch nicht
genügt, fragen Sie nach dem »Fundus«,
in dem sie besondere Stücke aufbewahrt.
Mimi verleiht übrigens auch Stücke an
Fans von Vintage-Partys. Sie gehören
dazu? Dann googeln Sie mal Boheme
Sauvage Berlin.

SILHOUETTE IM FARBENREIGEN

Belziger Straße 19
030 787 120 38
Mo 14:00-19:00; Di-Fr 12:00-19:00;
Sa 11:00-16:00
U7 Eisenacher Straße

In diesem Laden liegt der Schwerpunkt
auf modischer Second-Hand-Kleidung
und neueren Stilen, auch von Massen-
markt-Labels. Die Modelle sind nicht älter
als 3–4 Jahre. Geliefert wird die Kleidung
von Menschen, die in der Umgebung des
Ladens wohnen.

TROLLBY

Eisenacher Straße 78
030 375 874 45
info@trollby.com / www.trollby.com
Mo-Fri 10:00-18:00; Sa 10:00-16:00
U7 Eisenacher Straße

Willkommen im Hinterhof der Trolle!
Dieser Laden hat von allen Kinder-
Second-Hand-Läden Berlins die krea-
tivste Inneneinrichtung – ein richtiges
Märchenland mit einem hölzernen
Trollhaus, einer Leseecke und einer
Spielzone. Das Angebot an Kleidung und
anderen Sachen für Kinder ist groß, und
die Preise sind sehr vernünftig.

GARAGE

Ahornstraße 2
030 211 276 0
www.kleidermarkt.de
Mo-Fr 10:00-19:00; Sa 11:00-18:00
U1U2U3U4 Nollendorfplatz

Ein geräumiger Souterrainladen mit Second-Hand-Mode für Männer und Frauen. Wie das Schwestergeschäft Made in Berlin gibt es auch bei Garage mittwochs zwischen 11 und 13 Uhr einen Rabatt von 30%. Das bedeutet, dass der Preis pro Kilogramm von € 14 auf € 10 sinkt. Viel Spaß!

MACY'Z

Mommsenstraße 2
030 881 136 3
theresiawirtz@macyz.de/ facebook.com
macyz.de
Mo-Fr 12-19; Sa 12:00-16 :00
S Savignyplatz

Was passiert, wenn zwei Models einen Second-Hand-Laden für Designermode eröffnen? Das Warenangebot wird von Expertinnen zusammengestellt, die seit 25 Jahren damit Erfahrung haben. Nichts ist hier älter als zwei Jahre. Balenciaga, Celine, Dior oder Chloe begeistern auch die vielen Touristen, die den Laden besuchen. Gut präsentierte, edle Luxuskleidung, Schuhe (alle sehen unbenutzt aus) und Sonnenbrillen.

MADONNA

Mommsenstraße 57
030 324 763 2
Mo-Fr 12:00-19:00; Sa 11:00-17:00
S Savignyplatz

Die Warenpräsentation täuscht darüber hinweg, dass hier frühere Kollektionen von Luxuslabels verkauft werden. Man muss etwas wühlen und graben, aber das lohnt sich. Bei den Schuhen findet man auch Manolos und Choos – schauen Sie ruhig nach. Eher traditioneller, klassischer Stil für Frauen.

SECONDO

Mommsenstraße 61
030 881 22 91
www.secondoberlin.de
Mo-Fr 11:00-18:30; Sa 11:00-15:30
S Savignyplatz

Hier gibt es Versace, Gaultier, Chanel, Gabbana und andere mehr. Falls Sie selbst zu viele Designerklamotten zu Hause haben, können Sie sie auch mitbringen und auf Kommissionsbasis zum Verkauf anbieten. Dann finden Ihre einsamen Luxusgewänder bestimmt bald einen neuen Besitzer.

Männer kommen auch nicht zu kurz. Für sie gibt es Anzüge, Hemden und Schuhe. Die Modelle sind nie älter als zwei oder drei Jahre. Die Stile reichen von Hippie bis konservativ. Der Laden existiert schon seit 25 Jahren, ist bei Theater- und Filmproduzenten bestens bekannt und hat beinahe Kultstatus.

TONY DURANTE

Suarezstraße 62
030 318 034 18
durantetony@hotmail.com
Mo-Fr 12:00-18:30; Sa 11:30-16:00
U2 Sophie-Charlotte-Platz

Sie wollen im Vintage-Stil heiraten? Dann finden Sie bei Tony Durante ein schönes Brautkleid im Stil der 40er-Jahre mit passendem Cape, vielleicht auch ein Negligé oder Wäsche aus derselben Zeit. Für die Brautjungfern gibt es Cocktailkleider im Stil der 20er, 30er oder 70er Jahre und edlen Jugendstilschmuck. Für Männer sind ausgefallene Manschettenknöpfe aus den 50er Jahren und früher im Sortiment, und für die Poolparty finden Sie hier einteilige Badeanzüge und Badekappen.

KLEINES GLÜCK

Weichselstraße 38
030 922 508 33
kleines.glueck@gmx.net
Di-Sa 11:00-17:00
U7 Rathaus Neukölln

Eine Mischung aus schöner, kaum benutzter Babykleidung und neuen, handgemachten Stücken zum Verschenken. Kleines Glück ist ein Laden, in dem Sie Unikate finden. Wenn die Besitzerin ein schlichtes T-Shirt bekommt, legt sie es nicht ins Regal, ohne es vorher durch eine Applikation oder andere Details aufzupeppen. Die Babysachen von H&M und Zara sind in sehr gutem Zustand und werden zu Preisen verkauft, die mit dem »Lieferanten« abgesprochen sind. Manchmal finden abends Kinderbuchlesungen statt, vielleicht auch Beratungen für Eltern auf der Suche nach einem Kinderwagen. Ein ausgesprochen netter und behaglicher Laden, in dem auch kinderlose Menschen plötzlich Lust bekommen können, Eltern zu werden. Vorsicht!

Kleines Glück

»Kinder wachsen so schnell, dass sie ihre Sachen nie auftragen. Es ist ein Jammer, sie wegzuwerfen und etwas Neues zu kaufen.«

DANI, KLEINES GLÜCK

Dani Eigenwillig ist eine freundliche und hilfsbereite Seele. Während ihrer Berufsjahre als Journalistin hat sie immer davon geträumt, ein behagliches Galeriecafé oder etwas Ähnliches zu eröffnen. Nach der Geburt ihrer Tochter wurde ihr klar, dass sie nicht wieder als Journalistin arbeiten wollte. Sechs Monate brauchte sie, um ihr Konzept „Second-Hand-Laden für Kinder" zu entwickeln. Sie entdeckte die netten Räumlichkeiten in Neukölln, schaffte Möbel an, renovierte mit Unterstützung von Mann und Freunden, und eröffnete Kleines Glück.

Der Laden und sein Charakter wuchsen zusammen mit der Tochter, die jetzt drei Jahre alt ist. Dani wohnt seit zwei Jahren in der Nachbarschaft und kennt fast alle Kinder beim Namen. Weil sie sich ärgerte, dass viele Kindersachen so kurzlebig sind, kommen in ihren Laden nur hochwertige Materialien, die lange halten. » Kinder wachsen so schnell, dass sie ihre Sachen nie auftragen. Es ist ein Jammer, sie wegzuwerfen und etwas Neues zu kaufen. Wir brauchen gar nicht so viele neue Sachen.«

Wie Sie sicherlich wissen, sind die Berliner sehr an ihr Viertel gebunden und legen keine weiten Wege zurück, um etwas einzukaufen. Darum gibt es in jedem Viertel ein paar Second-Hand-Shops – und darum wollte auch Dani ihren Laden ganz in der Nähe ihrer Wohnung eröffnen. Außerdem weiß sie: »Leute, die ihr erstes Kind bekommen, kaufen anfangs viel zu viel. Dann stellen sie fest, dass sie gar nicht alles brauchen. Second-Hand-Läden sind eine vernünftige Möglichkeit, um solche Dinge loszuwerden und durch andere zu ersetzen.«

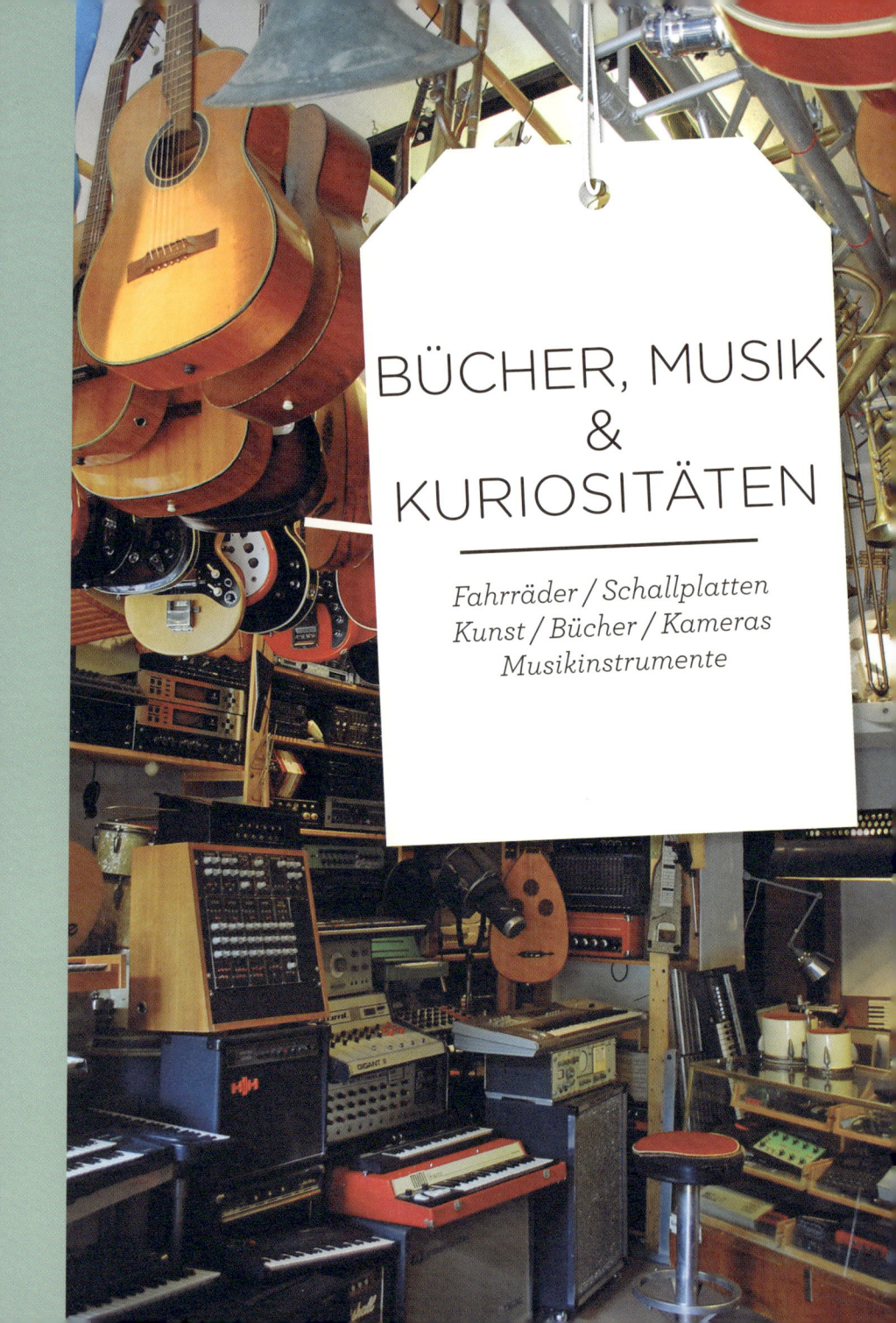

BÜCHER, MUSIK & KURIOSITÄTEN

Fahrräder / Schallplatten
Kunst / Bücher / Kameras
Musikinstrumente

KUNST, MUSIK, BÜCHER UND FAHRRÄDER SIND EINE MERKWÜRDIGE KOMBINATION, ABER WENN MAN GENAUER DARÜBER NACHDENKT, SIND SIE ALLE WICHTIG FÜR DAS WOHLERGEHEN VON KÖRPER UND SEELE.

Der Kunstbegriff wird in Berlin weit gefasst. Das mag einer der Gründe sein, warum man fast überall Kunst findet, vor allem auf Flohmärkten (siehe Kapitel Typisch Berlin) wird sie bunt gemixt mit anderen Dingen angeboten, statt ganz für sich allein.

Plattenläden sind leicht zu finden, und fast alle bieten eine reiche Auswahl gut erhaltener Platten für verschiedene Geschmäcker an. Obwohl Berlins Musik-Locations eher für minimalistischen Stil, Techno und House bekannt sind, findet man in den Geschäften sanftere Töne: Jazz, Blues, Soul und Funk.

Für Leseratten gibt es eine Vielzahl von Antiquariaten, in denen alte Schinken, beliebte Klassiker und auch neuere Titel – Mängelexemplare oder Restbestände von Verlagen – zu haben sind. Wenn man durch die Straßen schlendert, fragt man sich, ob Berlin wirklich in Deutschland liegt, oder ob die Stadt ein Sammelplatz für Menschen aus aller Welt ist, von denen viele Englisch sprechen. Für sie (und für uns) gibt es in den meisten Läden ein paar Regale mit englischen, spanischen und französischen Büchern. Manche Buchhandlungen haben sich auch ganz auf fremdsprachliche Bücher spezialisiert.

Ohne Fahrrad geht in Berlin gar nichts. Wenn schon Szeneleben, dann auch richtig! Wer ein Auto besitzt, wird schräg angeschaut, schließlich gibt es nichts Schöneres und Umweltfreundlicheres, als mit dem Rad von A nach B zu fahren und sich vom Wind die Haare zerzausen zu lassen. Außerdem hat Berlin viele schöne Fahrradstrecken, die entdeckt werden wollen. Second-Hand- und Vintage-Fans finden in der Stadt ein großes Angebot an alten, angerosteten Retro-Fahrrädern.

KREUZBERG

€€€-€€€

ANTIQUARIAT KALLIGRAMM

Oranienstraße 28
030-614 44 25
kontakt@kalligramm.de / kalligramm.de
Mo-Fr 12:00-18:00; Sa 12:00-16:00
U1+U8 Kottbusser Tor

€€€

BIKE:CO:HOLICS

Gneisenaustraße 67
0157 729 592 51
info@bikecoholics.de
www.bikecoholics.de
Mo-Fr 11:00-19:00
U7 Gneisenaustraße / Iwo Lowag

Die begeisterten Radfahrer bei Bike:co:
holics haben beste Chancen, Ihnen ein
cooles Rad aufzuschwatzen. Die neuen
hängen drinnen an den Wänden, die
gebrauchten sind draußen ausgestellt.
Große Auswahl an Modellen.

€€€

KUNST UND ANTIQUITÄTEN

Zossener Straße 48
030 616 752 59
gbenker@t-online.de
Mo-Fr 16:00-19:00
U7 Gneisenaustraße

Der kleine Atelierladen gehört Guido
Benjer, der selbst Maler ist. Verkauft werden moderne und Ethnokunst, manchmal
auch einzelne Möbelstücke oder antike
Lampen – je nachdem, was Guido am
Wochenende auf dem Flohmarkt in der
benachbarten Markthalle findet.

EXTRA-BUCH: MODERNES ANTIQUARIAT

Mehringdamm 66
030 789 517 97
extrabuch@t-online.de/ www.extra-buch.de
Mo-Fr 10:00-20:00; Sa 10:00-18:00
U6/U7 Mehringdamm

Hier gibt es die schönen Bücher, die Sie schon immer haben wollten, mit kleinen Schönheitsfehlern: teNeues, Daab, Taschen und andere aus dem Bereich Interior Design, außerdem Manga, Mythologisches und medizinische Bücher. Die Bücher sind nicht älter als ein Jahr, aber weil es sich um Remittenden handelt, sehen sie etwas verblasst aus. Dafür werden sie zum halben Ladenpreis verkauft – gerade bei Kunstbüchern ein gutes Argument.

FAIR EXCHANGE

Dieffenbachstraße 58
030 694 467 5
info@fairexchange.de
www.fair-exchange.de
Mo-Fr 11:00-19:00; Sa 10:00-18:00
U8 Schönleinstraße

Zwei Englischlehrerinnen, Paula aus New York und Susan aus Boston, haben den Buchladen Fair Exchange 1984 eröffnet. Im gemütlichen Laden gibt es englische Bücher, alphabetisch sortiert, aus verschiedenen Themengebieten: Klassiker, moderne Belletristik, Psychologie, Geschichtswissenschaft, Kunst, Philosophie, Biographien und Film. Berlin mag seine englischsprachigen Bewohner, und es gibt viele von ihnen.

HAMMETT

Friesenstraße 27
030 691 58 34
hamett@hammett-krimis.de
www.hammett-krimis.de
Mo-Fr 10:00-20:00; Sa 9:00-18:00
U7 Gneisenaustraße

Mögen Sie es spannend? Dann sind Sie hier richtig. Bei Hammett finden passionierte Krimileser eine große Auswahl an Titeln. Gelegentlich werden kostenlose Lesungen veranstaltet.

KUBI'S BIKE SHOP

Falckensteinstraße 35
030 805 745 35
mail@kubisbikeshop.com
www.kubisbikeshop.com
Mo-Fr 10:00-19:00, Sa 10:00-16:00
U1 Schlesisches Tor

Bei Kubi's gibt es richtig gute Fahrräder:
sorgfältig generalüberholt und aufpoliert,
bevor sie zu unglaublich fairen Preisen
angeboten werden. Am besten montags
morgens hingehen, wenn die besten
Räder der Woche aufgereiht werden. In
der Saison sind die guten Modelle schnell
ausverkauft.

LONG PLAYER- VINYL LIVING ROOM

Graefestraße 80
030 34 74 83 30
contact@long-player.de
www.long-player.de
Di, Do-Sa 12:00-20:00;
Mi 12:00-24:00
U8 Schönleinstraße

Der Plattenladen hat eine bestechende
Auswahl an Rap, aber auch Soul und
Funk. Der Laden ist so gemütlich und ein-
ladend, als sei er das Wohnzimmer seines
Besitzers. Der sitzt auch gern zwischen
seinen Platten – was die ungewöhnlichen
Öffnungszeiten erklärt.

KULTGUT

Wrangelstraße 45
030 612 42 06
kultgut@googlemail.com
www.abebooks.de
Mo-Fr 13:00-19:00; Sa 11:00-16:00
U1 Schlesisches Tor

Der kleine Laden ist spannend und
billig. Verkauft werden gebrauchte
Bücher über Esoterik, Science Fiction
und Film. Ein Besuch lohnt sich wegen
der 1€-Bücherflatrate ... und wegen des
Outfits des Besitzers.

MODERN GRAPHICS

Oranienstraße 22
030 615 8810
kontakt@modern-graphics.de
www.modern-graphics.de
Mo-Fr 11:00-20:00; Sa 10:00-19:30
U8 U1 Kottbusser Tor

Jede Menge *Marvel*-Comics und ein paar
Independent-Comics. Die Hefte stammen
aus privaten Sammlungen, darum weiß
man nie, was man in den Kisten findet.
Wer auf der Suche nach einem 20 Jahre
alten *X-Men* ist, der nicht als Paperback
nachgedruckt wurde, sollte hier sein
Glück versuchen. Ein heißer Tipp für
Comic-Nostalgiker.

MÜSSIGGANG

Oranienstraße 14a
030 629 012 78
buchladen@muessiggang.net
www.muessiggang.net
Di-Sa 14:00-19:00
U8 U1 Kottbusser Tor

Müßiggang gefällt mir wegen der ent-
spannten Atmosphäre. Draußen hängt
noch das alte Ladenschild »Möbel
Klitzke«, und links an der Wand bewacht
ein Space Invader-Mosaik, gestaltet von
dem berüchtigten französischen Künstler
Invader, den Laden. Müßiggang ist nicht
nur ein Second-Hand-Buchladen, sondern
auch Sitz einer feministischen Vereini-
gung. Außerdem wird Sozialberatung
angeboten. Es liegt im Bezirk SO36, in
dem früher die Punk-Szene blühte und
wo man in den 70er-Jahren Iggy Pop
traf. Heute ist die Gegend ruhiger, aber
immer noch etwas eigenwillig – wie der
Buchladen. Angeboten werden neben
Krimis und anderer Belletristik Bücher
über Politik, Geschichte und Theater. Der
Besitzer kann viel über die Geschichte des
Bezirks erzählen – fragen Sie ruhig!

OTHER LAND

Bergmannstraße 25
030 695 051 17
service@otherland-berlin.de
www.otherland-berlin.de
Mo-Fr 11:00-19:00; Sa 11:00-17:00
U7 Gneisenaustraße

Eine kleine, aber interessante Auswahl
gebrauchter Science-Fiction- und Fantasy-
Bücher. Hier kann man auf die Jagd nach
Lieblingstiteln gehen.

SATORI-RECORDS

Wrangelstraße 64
030 531 420 51
werner.holtkamp@tele2.de
www.satori-records.de
Mo-Fr 14:00-19:00; Sa 12:00-16:00
U1 Schlesisches Tor

Gebrauchte Jazz-Platten, Kunstbücher,
moderne Gemälde, Rosenthal-Porzellan
und seltene Weine. Braucht man mehr
für eine perfekte Sonntagnachmittags-
Atmosphäre? Bei Satori-Records gibt es
auch Chansons und ein paar Exemplare
Disco 3000 von Sun Ra. Pssst!

PIATTO FORTE

Schlesische Straße 38a
017 011 614 81
baroxmix@gmail.com
www.piattoforteberlin.com
Mo-Fr 12:00-20:00; Sa 12:00-17:00
U1 Schlesisches Tor

Der italienische DJ Michele hat mit zwei
befreundeten Künstlern den Plattenladen
Piatto Forte eröffnet. Weil dort monatlich Musikveranstaltungen stattfinden,
wurde der Laden schnell zum Treffpunkt
von Berliner DJs. Lassen Sie sich von
der Ladeneinrichtung nicht täuschen:
Das Schaufenster kann ruckzuck in eine
Bühne verwandelt werden. Angeboten
wird hauptsächlich Electro.

TAUSENDUNDEIN BUCH

Gneisenaustraße 60
030 691 46 90
tausendundeinbuch@snafu.de
www.zvab.com
Mo-Fr 11:00-19:00; Sa 11:00-14:00
U7 Gneisenaustraße

Dieser Second-Hand-Buchladen riecht nach alten Büchern und Zigaretten. Eröffnet wurde er vor 27 Jahren von einer freundlichen ehemaligen Lehrerin, die Literatur unterrichtet hat und hochwertige Bücher schätzt. »Heutzutage kann jeder ein Buch schreiben«, seufzt sie. Hier trifft man hauptsächlich echte Bücherliebhaber.

A&V SECOND-BIKE

Petersburger Straße 74
0163 370 276 8
Mo-Fr 10:00-19:00; Sa 10:00-16:00
U5 Frankfurter Tor

Der Laden bietet gebrauchte Fahrräder, Ersatzteile und Zubehör an. Alles ist generalüberholt und in gutem Zustand, die Preise liegen etwa 60% unter denen für Neuware.

ANTIQUARIAT IN FRIEDRICHSHAIN

Niederbarnimstraße 13
030 293 504 04
info@antiquariat-in-friedrichshain.de
www.antiquariat-in-friedrichshain.de
Di-Fr 14:00-18:00; Sa 12:00-18:00
U5 Frankfurter Tor

Ein Laden für wissenschaftliche Bücher, die auch über den Online-Shop www.thomashaker.de zu beziehen sind. Außerdem bekommt man hier Kunst- und Architekturkataloge. Die Atmosphäre ist angenehm, und wer möchte, kann sich in einer Ecke zum Lesen niederlassen.

ANTIQUARIAT MATTHIAS WAGNER

Wühlischstraße 22|23
030 293 517 53
info@antiquariat-wagner.de
www.antiquariat-wagner.de
Mo-Fr 15:00-19:00
U1&S Warschauer Straße

Auch dieses Antiquariat hat einen Online-Shop: www.justbooks.de. Entstanden ist er, weil der Besitzer Literatur liebt und unabhängig sein wollte. Matthias Wagner bietet klassische Titel zu fairen Preisen an.

ANTIQUARIAT WEIGELT

Proskauerstraße 4
0170 271 6190
antiquariat.weigelt@gmail.com
Mi-Fr 16:00-20:00; Sa 14:00-18:00
U5 Samariterstraße

Geführt wird dieser Laden von einem ehemaligen Professor für Literatur, der das Drehbuch für eine Fernsehshow schreibt – klang wie etwas zwischen *Fraser* und *Seinfeld* – und beschlossen hat, Bücher zu verkaufen. Mir gefiel die interessante Auswahl von Titeln, die er neben seltenen Modekatalogen, alten Ausgaben des *New Yorker* und gebrauchten Kunstbüchern anbietet. Es macht Spaß, die ungewöhnliche Mischung aus alten Büchern über Philosophie, Geschichte, Musik und Literatur zu durchstöbern. Guter Plan B, Professor!

AUDIO-IN

Libauer Straße 19
030 486 229 4
info@audio-in.net/
www.myspace.com/_audio_in
Mo-Fr 14:00-20:00; Sa 12:00-18:00
S+U1 Warschauer Straße

In diesem Second-Hand-Plattenladen
finden Sie Musik aus den letzten 30 bis
40 Jahren, vorwiegend Detroit Techno
und House, Dubstep und Electro.
Außerdem ist der Laden ein Treffpunkt
für Musikliebhaber, die – wie die Platten
– aus aller Welt kommen. DJs und
Sammler schätzen den Laden wegen seines Angebots, weil in Berlin ansonsten
der Schwerpunkt eher auf Techno liegt.
Ein paar Namen? Casual relief, Planet E,
Underground Resistance. Natürlich gibt
es auch Musik anderer Stilrichtungen,
aber sie laufen eher am Rande mit:
Disco-italo, Musik der 80er und 90er und
Hip-Hop.

Es fällt sofort ins Auge, dass man sich bei
Audio-in viel Mühe mit dem Reparieren
beschädigter Cover und dem Reinigen
der Platten gibt.

O-TON

Krossener Straße 18
030 293 694 44
Mo-Sa 13:00-20:00
U1+S Warschauer Straße

Obwohl der Besitzer Rockmusik der 70er-
Jahre liebt, hat er das Angebot seines
Ladens allmählich verändert und bietet
schwerpunktmäßig Jazz an. Man findet in
den Regalen aber auch Weltmusik-CDs
und Rock-Schallplatten aus Osteuropa
und der ehemaligen DDR. Die Platten
sind sorgfältig ausgewählt und sehen aus
wie neu.

SECOND-BIKE UND SOUND CAFÉ AN & VERKAUF

Warschauer Straße 12
0163 799 579 3
Mo-Sa 10:00-22:00
S+U1 Warschauer Straße

Was haben Fahrräder mit Musikinstrumenten zu tun? Vordergründig nichts. Wer aber beides mag, sollte diesen Laden in Friedrichshain besuchen. Hier hängen Mountain Bikes, Tourenräder und Rennräder neben Gitarren, Keyboards und Verstärkern.

SPARBUCH

Finowstraße 5
030 290 078 93
Mi-Fr 19:00-20:00
U5 Samariter Straße

In dem Laden, der wie ein Lagerhaus aussieht, kostet jedes Buch 1 €. Wer Bücher loswerden möchte, kann sich im Laden melden, dann werden sie von Zuhause abgeholt. Das kostet nichts, aber Sie bekommen auch nichts dafür.

BIBLIOTHECA CULINARIA

Zehdenicker Straße 16
030 47 37 75 70
info@ bibliotheca-culinaria.de
www.bibliotheca-culinaria.de
Di-Fr 11:00-19:00, Sa 11:00-16:00
U8 Rosenthaler Platz

++ genial!

Wer gern kocht, wird über die Vielfalt an Kochbüchern staunen, die in der Bibliotheca Culinaria zu haben sind. In diesem Geschäft für antike Kochbücher findet man nicht nur praktische Informationen über das Zusammenwerfen von Zutaten, sondern auch über frühere Lebensweisen und die kulinarische Geschichte. Da gibt es Bücher für amerikanische Frauen, die im 2. Weltkrieg in Berlin lebten, in denen erklärt wird, wie man mit deutschen Zutaten amerikanisch kocht. Handgeschriebene Rezeptbücher von 1700 sind ebenso zu finden wie ein Dr. Oetker-Kochbuch für Blinde oder das berühmte Kochbuch von Henriette Davidis. Außerdem sind vollständige Jahrgänge von Ratgeber für Haus und Familie" im Angebot, Bücher über das Kochen für Kinder und mit Kindern, englische und französische Kochbücher, DDR-Kochbücher, Bücher über Cocktails und Wein, Diätbücher und Kochbücher, um den Liebsten zu verwöhnen. Verlockend!

BÖTZOW RAD BERLIN

Pasteurstraße 31
030 779 009 40
info@boetzowrad.de/ www.boetzowrad.de
Mo-Fr 10:00-19:00; Sa 10:00-16:00
€M10 Kniprodestraße/Danziger Straße

Der Fahrradhimmel für Frauen. Bei Bötzow gibt es Fahrräder aus den 50er und 70er Jahren, hauptsächlich Roland (eine Qualitätsmarke aus Texas), Union und Gazelle. Wie viele Fahrradläden verfügt auch dieser über eine angeschlossene Werkstatt. Nach fünf Werkstattbesuchen bekommt man einen Gutschein über € 5.

FREAK OUT RECORDS

Prenzlauer Allee 49
030 44 276 15
freakout@snafu.de
Mo-Fr 11:00-19:30; Sa 11:00-16:00
U2 Eberswalder Straße

Der 21 Jahre alte Laden bietet eine bunte Mischung verschiedener Musikstile auf CD und Vinyl an. Besonders große Auswahl in Sachen Krautrock, Garage Music und Gothic Industrial.

MELTING POINT

Kastanienallee 55
030 440 471 31
www.meltingpoint-berlin.de
Mo-Sa 12:00-20:00
U8 Rosenthaler Platz

Der Schwerpunkt liegt hier auf Disco, aber auch Techno, Jazz und Funk sind im Angebot. Mitch hat vor 16 Jahren angefangen, gebrauchte Platten zu verkaufen. Außerdem arbeitet er als DJ. »Vinyl muss sein. Ich kann einfach nicht ohne. So ein herrliches Cover kann man nun mal nicht herunterladen und anfassen. Es ist einfach toll, es in die Hand zu nehmen, die Platte aufzulegen und zuzuschauen, wie die Nadel läuft. Bei Musik geht es ja nicht um Effizienz, sondern um den Hörgenuss.« Bei dem leidenschaftlichen Verkäufer kann man die Platten nicht nur erstehen, sondern vorher auf einem der Plattenspieler im Laden ausprobieren.

MOGWA

Prenzlauer Allee 224
030 440 385 65
post@mogwa.de/ www.mogwa.de
Mo-Fr 10:00-19:00; Sa 10:00-16:00
U2 Senefelderplatz

Ein freundlicher Buchladen mit Schwerpunkt auf Geisteswissenschaften und Literatur.

MUSIKINSTRUMENTE &DESIGN

Schönhauser Allee 28
030 440 336 23
vintageaudioberlin@online.de
www.vintageaudioberlin.de
Mo-Fr 13:30-18:30; Donnerstag geschlossen
U2 Senefelderplatz

Alte und antike Musikinstrumente, Elektronik, Vintage-Equipment, Kuriositäten und Raritäten aus ganz Europa. An der Decke hängen jede Menge Gitarren. Auch Trompeten, Violinen, Alte Mikrophone, Verstärker, Keyboards und analoge Synthesizer warten darauf, wieder gespielt zu werden. Und warum sollen alte Musikinstrumente besser als neue sein? Wegen der verwendeten Materialien und wegen der Kunstfertigkeit der Instrumentenbauer. Hier ist kein Stück jünger als 30 Jahre, und gute Gitarren bekommt man ab € 60.

RE-CYCLE

Husemannstraße 33
030 921 285 95
Mo-Fr 11:00-20:00; Sa 11:00-18:00
U2 Eberswalder Straße

Die kleine Werkstatt hat jede Woche nur einige gebrauchte Fahrräder im Angebot. Wer in der Nähe ist, sollte trotzdem vorbeischauen. Vielleicht ist gerade genau das da, was Sie suchen.

SAINT GEORGE'S

Wörtherstraße 27
030 817 983 33
info@saintgeorgesbookshop.com
www.saintgeorgesbookshop.com
Mo-Fr 11:00-20:00; Sa 11:00-19:00
U2 Senefelderplatz

Eigentlich wollte Paul nur einem Freund
helfen, der gerade in London vom College
geflogen war. Darum investierte er in
dessen Londoner Buchladen. Leider
ging das Projekt schief und Paul blieb
auf Bergen von Büchern sitzen. Also
zog er 2003 nach Berlin um und eröffnete Saint George's – eine schlüssige
Entscheidung. In dem Laden bekommt
man interessante Titel aus London. Das
einzige Auswahlkriterium ist, dass sie in
gutem Zustand sein müssen. Der Laden
unterstützt unabhängige Verlage und
veranstaltet monatlich eine experimen-
telle Literaturlesung mit verschiedenen
Autoren auf Skype. Am ersten Mittwoch
jedes Monats findet ein »Speak equal«
statt, bei dem jeder kommen und eine
Passage aus einem Lieblingsbuch vor-
lesen kann – ganz gleich, in welcher
Sprache. Cool!

ST. PRENZL'BERG

Schönhauser Allee 41
0160 103 758 1
www.bikepiraten-berlin.de
Mo-Fr 10:30-20:00
U2 Eberswalder Straße

Sie nennen sich selbst Fahrradpiraten. Die
gebrauchten Fahrräder, die sie verkaufen,
sehen aber ganz anders aus, als man bei
diesem Namen erwarten möchte – nämlich geliebt und gut gepflegt. Fahrräder
aller Art werden mit einem Jahr Garantie
verkauft. Außerdem hat der Laden eine
Werkstatt und bietet auch gebrauchte
Ersatzteile an.

SCHÖNHAUSER MUSIC I

Schönhauser Allee 70
030 498 093 20
Mo-Sa 11:00-20:00
U2 Eberswalder Straße

Große Auswahl gebrauchter CDs, DVDs und Schallplatten vieler Musikrichtungen – von Rock und Pop bis Jazz.

SHAKESPEARE AND SONS

Raumerstraße 36
030 400 036 85
info@shakesbooks.de/ www.shakesbooks.de
Mo-Sa 11:00-19:00
U2 Eberswalder Straße

Die Besitzer kommen aus Prag, wo es einen ähnlichen Buchladen gibt. Ihre Entscheidung, in Berlin ein Schwestergeschäft zu eröffnen, erwies sich als klug, denn hier gibt es reichlich Menschen, die Englisch, Spanisch und Französisch sprechen. In dem einladenden Geschäft mit den behaglichen Lesesesseln kann man sich großartig entspannen.

SOZIALER BÜCHER-LADEN

Winsstraße 30
030 884 930 08
Mo-Fr 10:00-17:00; Di 10:00-19:00
M 10 Winsstraße

Das Geschäftsprinzip ist einfach: alle Bücher im Laden wurden gespendet. Wer ein Buch mitnimmt, kann den Preis selbst bestimmen. Der Laden unterstützt Einwanderer aus Russland, Georgien und Armenien. Die Zahlungsmethode erinnert mich an eins meiner liebsten Lokale zum Essengehen – die Weinerei in der Veteranenstraße 14. Jeden Abend nach 20 Uhr zahlt man für ein Glas Wein €2. Dann kann man sich von den Köstlichkeiten am Büfett bedienen. Bevor man geht, entscheidet man selbst, wie viel man bezahlen will.

THE RECORDSTORE

Brunnenstraße 186
030 284 446 80
j.adeoshun@hotmail.de
Mo-Sa 12:00-20:00
U8 Rosenthaler Platz

Torstens Plattenladen hat eine fantastische Atmosphäre, hier mag man einfach sein. In den Regalen stehen exklusive Titel, die in Deutschland schwer zu bekommen sind, etwa The Sonics, The Beatles und andere große Namen aus den 60ern, außerdem Jazz und Soul. In der neuen Kollektion liegt der Schwerpunkt auf Rock'n'Roll und Indie.

Ein bisschen Name-Dropping ... der Manager der White Stripes, die Arctic Monkeys, Franz Ferdinand, The Fuzz Tones und Interpol haben schon den Laden besucht und sich umgesehen. Wer Glück hat, erlebt ein Spontan-Gig einer namhaften Band. Auf jeden Fall ein cooler Laden. Außerdem ist The Recordstore der offizielle Plattenladen des Bassy Club, eines angesagten Clubs, in dem nur Vinyl-Schallplatten mit »wild Music before 1969« (wie es auf der Website heißt) gespielt werden.

SOFORTBILD SHOP BERLIN

Brunnestraße 195
030 939 553 42
berlin@sofortbild-shop.de
www.sofortbild-shop.de
Mo-Fr 12:00-20:00; Sa 12:00-18:00
U8 Rosenthaler Platz

Sie fragen sich, warum Polaroid-Fotografie im digitalen Zeitalter immer noch so belibet ist? Ganz klar: Weil man sofort ein Bild bekommt. Man kann es nicht nur sehen, sondern auch in die Hand nehmen und anderen Leuten zeigen, ohne erst ins Internet zu gehen. Und natürlich gehören Polaroids auch zum Vintage-Trend. Berliner Nostalgiker können sich glücklich schätzen, denn hier gibt es Deutschlands einzigen Laden, in dem Original-Polaroidkameras, Impossible Lift und Fuji-Filme verkauft werden.

Das Interesse ist größer, als man denken möchte. Ein Elfjähriger kommt fast jeden Tag, um nach Zubehör zu fragen. Ein junger Mann, der nach Afrika reisen will, möchte sich mit Filmen eindecken. Und eine 89-jährige Dame fotografiert so gern die Blumen auf ihrem Balkon. Die Polaroid-Gemeinde hat immer neue Ideen zur Verwendung der Bilder. Impossible Lift ist eine Beschichtung, die man abziehen kann, um das Bild dann zu modifizieren und auf andere Oberflächen zu übertragen. Ein cleverer Kopf kam auf die Idee, damit Ruckzuck-Körperkunst zu gestalten. Im Sofortbild-Shop gibt es eine Menge Staunenswertes zu entdecken, und demnächst sollen auch Polaroid-Workshops angeboten werden. Immer mal nachfragen!

»Ich liebe die Atmosphäre in meinem Plattenladen. Den Geruch der Albencover und ihr Design. Dieser Laden ist mein Leben.«

TORSTEN, THE RECORDSTORE

The Recordstore

Torsten war enttäuscht, als die Musik-industrie die Produktion von CDs vorantrieb und die Musikqualität der Vinylschallplatten vernachlässigte. Er wollte sich diesem Trend entgegenstellen und sich für den besseren, seelenvolleren Klang einsetzen. Darum eröffnete er sei-nen Laden. Zuerst bot er einige private Sammlungen aus Texas und England an. »Das war einfach, weil es ganz besondere Platten waren, und mein Laden richtete sich ja an Sammler.« Heute beobachtet er, dass sich viele 20-jährige für Vinyl-Platten interessieren und nicht etwa 40-jährige – wie man vielleicht erwarten möchte. Ich nehme an, dass hat auch damit zu tun, dass die Retro-, Vintage- und Second-Hand-Szene in Berlin besonders groß und cool ist.

Torstens Meinung nach bekommt man mit mp3-Dateien keinen echten Zugang zur Musik. Dass dieses Medium uninteres-sant wird, sieht man auch daran, dass bei manchen neuen Vinyl-Schallplatten eine kostenlose CD oder ein Download-Code mitgeliefert wird. Es scheint, dass sich die Dinge wandeln.

»Ich liebe die Atmosphäre in meinem Plattenladen. Den Geruch der Albencover und ihr Design. Dieser Laden ist mein Leben,« sagt Torsten, der tatsächlich vom Prenzlauer Berg stammt.

UNTERWEGS

Torstraße 93
030 440 560 15
unterwegs@berlinbook.com
www.berlinbook.com
Di-Fr 15:00-19:00; Sa 12:00-15:00
U8 Rosenthaler Platz

Ist es eine Fotogalerie? Ein Kunstladen?
Eine neue Buchhandlung? Keins davon
– es ist ein Second-Hand-Buchladen und
Antiquariat. Marie Luise Surek-Becker hat
den Laden so schick und edel eingerichtet
wie das Viertel und die Leute sind, die dort
wohnen. Auf den geräumigen Regalen
sieht man Bücher, aber auch Originalfotos
und Mappen mit Schwerpunkten auf
Architektur und Berlin. Ein Highlight
sind jedoch die Reiseführer – Baedeker
und Meyer von 1827 bis 1945, die nur in
wenigen Läden auf der ganzen Welt zu
bekommen sind. Einige sind sehr alt und
selten, andere weniger. Die Preise liegen
zwischen € 10 und € 10.000. Dennoch gibt
es hier Bücher für jedes Portemonnaie.
Wer etwas Spezielles sucht, kann sich
auf eine Liste setzen lassen und wird
benachrichtigt, wenn das Buch zu haben
ist. Stammkunden bekommen regelmäßig
einen Katalog der verfügbaren Titel. Das
ist ziemlich cool!

BUCH UND KUNSTANTIQUARIAT TODE

Dudenstraße 36
030 786 518 6
antiquariattode@t-online.de
Mo-Fr 13:00-20:00; Sa 12:00-16:00
U6 Platz der Luftbrücke

Hier sind die Bücher so interessant,
dass die Kunden am liebsten die ganze
Nacht bleiben würden. Der Laden wurde
1978 eröffnet und bietet hauptsächlich
Belletristik bis zurück ins Jahr 1600 an
(teilweise vom Autor signiert), aber auch
Bücher über Philosophie, Geschichte und
Naturwissenschaften. Im hinteren Teil ist
eine kleine Kunstgalerie mit Gemälden
und Skizzen untergebracht.

DEUKER PIANOS&FLÜGEL

Dudenstraße 36
030 786 471 9
deukerpiano@t-online.de
www.deukerpiano.de
Mi-Fr 12:00-18:00; Sa 10:00-14:00
U6 Platz der Luftbrücke

Neue und gebrauchte Klaviere und Flügel von Kembel, Yamaha und anderen Herstellern. Mario Deuker ist ausgebildeter Klavierstimmer. Er bietet auch Reparaturen an und vermietet Instrumente für private Veranstaltungen.

GAMES & HANDYS. ANKAUF VERKAUF TAUSCH

Kolonnenstraße 66
030 966 142 23
Mo-Fr 10:00-20:00; Sa 11:00-19:00
U7 Kleistpark

Dies ist ein Laden für Spielbegeisterte: gebrauchte Spiele-DVDs, Nintendo-DS-Karten, PSP, Kinect, S Box und Handyzubehör für € 15–25. Wer sich an eigenen Spielen sattgespielt hat oder sie langweilig findet, kann sie hier auch gegen andere eintauschen.

ASA90

Fuldastraße 55
030 623 100 1
mail@asa90.com/ asa90.com
Di-Fr 11:00-19:00; Sa 11:00-16:00
U7 Rathaus Neukölln

In dem 100 Jahre alten Geschäft werden
Vintage- und Second-Hand-Kameras
ab 1910 angeboten. Nur ab und zu ist
auch einmal eine Digitalkamera dabei.
Auf alle gekauften Produkte wird eine
Garantie von sechs Monaten gegeben.
»Eine Kamera muss zu ihrem Besitzer
und dessen Zielen passen. Ich berate bei
der Auswahl der besten und günstigsten Möglichkeiten,« sagt der Besitzer.
Zu den Stars im Angebot zählen die
Blitzgeräte, die 60-mm-Projektoren und
das Entwicklungs- und Scanlabor im hinteren Bereich.

BUCHLADEN BUNBURY

Weserstraße 210
030 680 808 04
Mo-Fr 11:00-20:00; Sa 11:00-19:00
U8 Hermannplatz

Ein freundlicher Besitzer, eine behagliche Atmosphäre und eins der besten Literatur-Sortimente in der Gegend.

CITY RAD

Richardstraße 112
030 531 490 38
Mo-Fr 10:00-20:00; Sa 10:00-14:00
U7 Karl-Marx-Straße

In dem geräumigen Laden stehen einige der schönsten Vintage-Räder. Die Auswahl ist gut und umfasst Räder für Kinder, Männer und Frauen jeden Alters.

DIE BIOGRAFISCHE BIBLIOTHEK

Richardstraße 55
030 680 593 87
biobib@online.de/ www.biobib.info
Mo-Fr 15:00-19:00; Mittwoch geschlossen
U7 Neukölln

Es ist immer spannend, einen Blick ins
Leben anderer Leute zu werfen. Die gute
Auswahl an Biographien, Memoiren und
Briefen, die in diesem Laden zu finden
ist, bietet jede Menge solcher Einblicke.
Gleich neben dem Laden liegt eine Kunst-
galerie, in der immer am letzten Freitag
des Monats eine Lesung stattfindet.

FAHRRAD UND MOPEDLADEN

Pflügerstraße 75
030 534 700 9
Mo-Fr 9:00-18:00; Sa 9:00-12:00
U8 Schönleinstraße

Wer als Berliner Vintage-Fan auf sich
hält, besitzt ein Simson Schwalbe-Moped.
Simson-Motorräder wurden in der DDR
hergestellt, bis in den 1960er-Jahren die
Produktion per Regierungsbeschluss ein-
gestellt wurde. Echte Nostalgiker haben
ihnen aber die Treue gehalten. Ob Sie
eine Schwalbe kaufen oder reparieren lassen wollen, im Fahrrad und Mopedladen
sind Sie an der richtigen Adresse, denn
hier werden diese Fahrzeuge wie Könige
behandelt. Die Schwalbe sieht nicht nur
gut aus, sondern ist auch recht flott unterwegs. Die Preise liegen zwischen etwa
€ 500 und € 1500.

FITS

Weichselstraße 59
030 544 620 69
smile@fitsberlin.de / www.fitsberlin.de
Di-Sa 13:00-20:00
U7 Rathaus Neukölln

Bei Fits bringen Jeroen van Hofwegen und Lena Maierhof Fahrräder, die in Garagenecken vor sich hinrosteten, erst auf Vordermann und dann an den neuen Besitzer. Rennräder sind die Spezialität des recht neuen Ladens im Erdgeschoss eines Hauses in Neukölln. Die beiden sind echte Rennrad-Fans und haben sich mit dem Geschäft einen Traum verwirklicht. Wer möchte, kann sein Rad auch bei ihnen reparieren – das Werkzeug wird angereicht.

>>Ich war ganz verrückt nach Rennrädern. Und viele meiner Freunde wollten auch eins haben.<<

JEROEN VAN HOFWEGEN, FITS

FITS

Jeroen van Hofwegen und Lena Maierhof haben FITS im vorderen Zimmer ihrer Wohnung in Neukölln eröffnet. Jeroen, Grafikdesigner und Skateboard-Fan, ist gebürtiger Holländer. Lena beschreibt den Laden als ihren >>kleinen Traum<<. Auf die Idee kam sie nach dem Abschluss ihres Studiums der Kulturwissenschaft, als sie versuchte, ihre Begeisterung für Rennräder und die Notwendigkeit zum Geldverdienen unter einen Hut zu bringen.

Lena bewundert die Räder aber nicht nur aus der Distanz, sie repariert, kontrolliert und reinigt sie auch. >>Ich habe einen ganzen Sommer lang in einem Fahrradladen gejobbt. Anfangs war es etwas mühselig, aber es hat mir Spaß gemacht, zu lernen und mit den Bestandteilen dieser besonderen Fahrräder umzugehen.<< So kommt es, dass alle Räder bei Fits gut aussehen und perfekt funktionieren. Die beiden verdienen nicht ihren Lebensunterhalt mit dem Laden, aber sie tragen mit viel Liebe und guten Ideen dazu bei, dass andere mit ihren Vintage-Rennrädern glücklich sind. Es macht Spaß, und das genügt.

€€€-€€€

GLÜCKSVELO

Pannierstraße 53a
0178 745 514 5
info@gluecksvelo.de / www.gluecksvelo.de
Di-Fr 9:00-12:00, 14:00-19:00;
Sa 11:00-16:00
U8 Hermannplatz

Glücksvelo ist ein Mekka für Rennrad-
fahrer. Die beiden jungen Besitzer nehmen sich viel Zeit, um Kunden, die ein
altes Rad instandhalten oder ein neues
Gebrauchtes kaufen möchten, zu beraten.
Die Räder stammen aus Frankreich und
Süditalien.

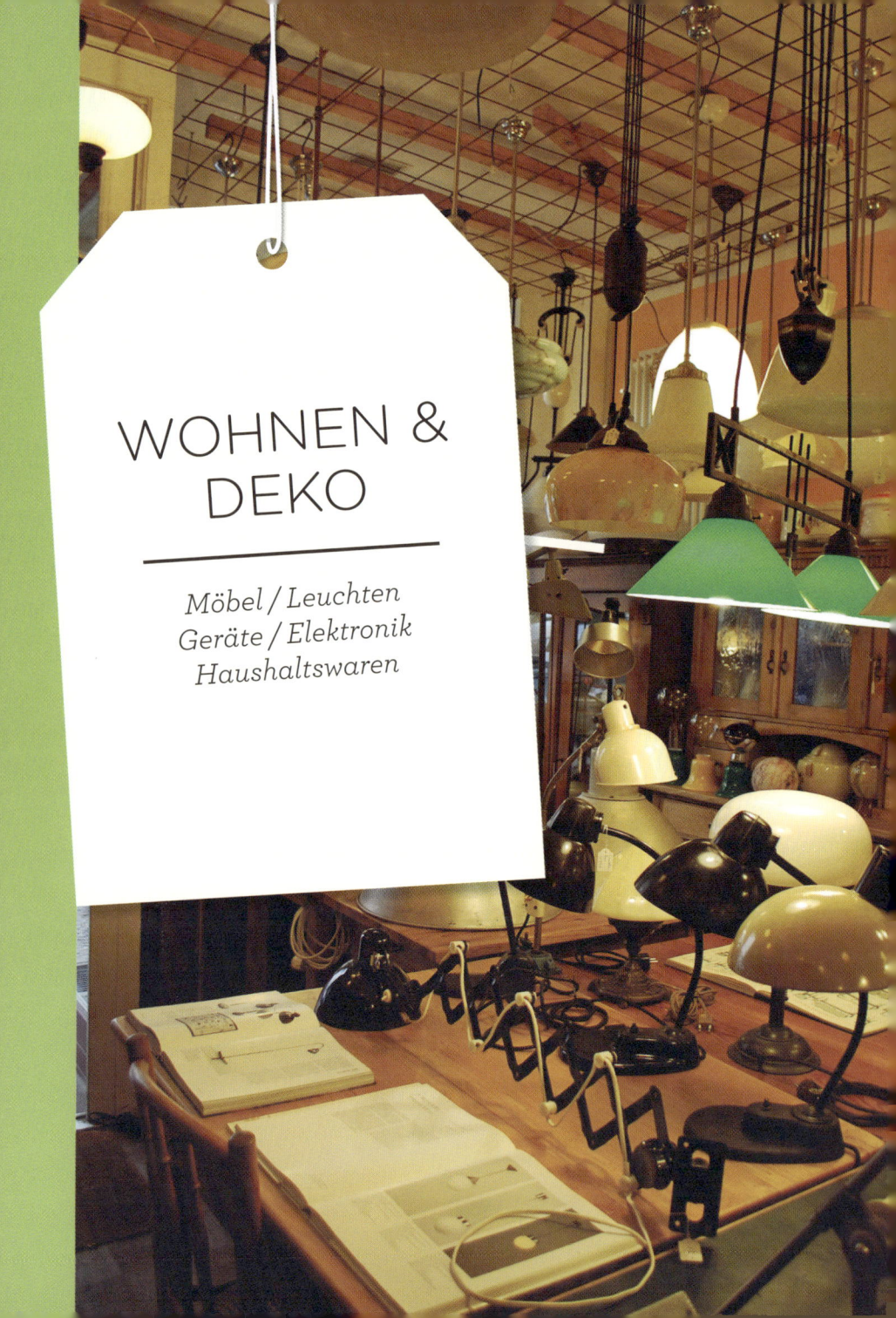

WOHNEN & DEKO

Möbel / Leuchten
Geräte / Elektronik
Haushaltswaren

VIELE EUROPÄISCHE AUSLÄNDER DENKEN BEIM STICHWORT »DEUTSCHE MÖBEL« ANS BAUHAUS, UND DAS IST AUCH SEHR BERECHTIGT. IN DER NACHKRIEGSZEIT GALTEN BAUHAUSMÖBEL ALS ALTMODISCH, ABER SEIT DEN 1990ER-JAHREN SIND SIE WIEDER TRENDY UND BEGEHRT. NATÜRLICH TAUCHEN SIE AUCH IN DEN BERLINER VINTAGE-MÖBELLÄDEN AUF.

Auch andere moderne Designs und Namen wie Charles Eames oder Christian Dell stehen hoch im Kurs und sind in der anspruchsvollen Vintage-Interiorszene begehrt. Aber in vielen Läden – und manchmal auf dem Bürgersteig – findet man darüberhinaus bezaubernde Modelle von unbekannten Herstellern, die nur auf jemanden warten, der sie schützen kann. Spazieren Sie einmal vom Hermannplatz aus die Urbanstraße in Kreuzberg entlang, dann verstehen Sie, was ich meine.

Mir kommt es vor, als seien Küchenschränke eine besondere Spezialität Berlins – wuchtige Dinger in verschiedenen hellen Farben, in die eine Menge Geschirr passt. Sie haben etwas Romantisches an sich, das gut zur Berliner Frühstückskultur passt.

Natürlich besteht eine Einrichtung nicht nur aus Möbeln. Man braucht auch Lampen, und interessanterweise liegen in Berlin zurzeit Industrieleuchten im Trend. Industrie meine ich ganz wörtlich: Die Leute kaufen Leuchten aus Fabriken und Lagerhäusern, die abgerissen werden sollen, für ihre Küchen und Esszimmer.

Der Vintage-Trend hat nicht nur das Kaufverhalten der Menschen beeinflusst, sondern auch den Markt und die Anzahl der Geschäfte. Allein in der Suarezstraße in Charlottenburg reihen sich rund 20 Antiquitäten- und Vintage-Geschäfte aneinander, darum gilt diese Straße als Berlins Antiquitätenmeile. Einige, aber nicht alle Läden, stelle ich in diesem Buch vor. Seit Second-Hand-Möbel und Designklassiker aus dem vorigen Jahrhundert auch für Hochglanzmagazine ein Thema sind, mixen viele Wohnungsbesitzer beherzt alte und neue Stücke.

Auf den folgenden Seiten finden Sie außerdem Händler, die elektrische und elektronische Geräte und alle möglichen anderen Dinge anbieten, die man benutzen kann, um die Wohnung behaglicher oder verrückter aussehen zu lassen. Für erfolgreiche Fischzüge sind »Gemischtwarenläden« eine gute Adresse, denn dort bekommt man alles, was man braucht (oder auch nicht). Und wo genau gibt es nun die stylischen Wohnaccessoires?

ADLER ANTIK

Urbanstraße 124
030 695 376 87
Mo-Fr 10:00-19:00; Sa 10:00-17:00
U8 Schönleinstraße

In diesem typischen Second-Hand-Möbel-
laden, der türkischen Brüdern gehört,
bekommt man hohe Qualität zu guten
Preisen – vor allem Sessel, Schränke und
Wohnzimmermöbel für Leute mit geräumigen Wohnungen. Die Möbel stapeln
sich in dem Laden, aber die Besitzer sind
freundlich und sehr hilfsbereit. Das älteste
Stück, das sie bei meinem Besuch auf
Lager hatten, war ein Schrank von 1890.

KLASSIKERFUNDUS

Südstern 6
030 644 906 00
mail@klassikerfundus.de/klassikerfundus.de
Di-Fr 12:00-19:00; Sa 12:00-16:00
U7 Südstern

Der Laden, der 1903 als
Automobilgeschäft eröffnet wurde,
besticht durch seine authentische
Industrie-Architektur. Im Tiefgeschoss
gibt es Fabrikleuchten und jede Menge
alte Schreibtischleuchten, aufgereiht in
einem Raum mit unverputzten, grauen
Steinwänden, beleuchtet von riesigen
alten Film- und Fotoscheinwerfern. Einen
von diesen haben die Produzenten von
Glorious Bastards gemietet. Sehenswert!

GUERILLIAZ

Gneisenaustraße 55
0178 53 04 996
nora-krauss@gmx.de / www.guerilliaz.de
Mo-Fr 11:00-19:00; Sa 11:00-16:00
U7 Südstern

In diesen Laden möchte man am liebsten
einziehen, weil die Einrichtung so ansprechend ist. In dem charmanten, charak-
tervollen Laden mit Werkstatt werden über-
arbeitete Dinge verkauft: alte Fenster-
rahmen, die als Schmuckvitrinen dienen,
neu lackierte Kleiderbügel und so weiter.
Manchmal finden die Besitzer interessante
Möbel auf dem Sperrmüll, verpassen ihnen
einen neuen Anstrich, einen neuen Zweck,
eine neue Lebensberechtigung. So werden
die Möbel zu einer Collage der Epochen
und ihrer Besitzer.

KOMFORT 36

Schlesische Straße 38a
030 616 207 81
komfort36@gmx.de / www.komfort36.com
Do-Fr 14:00-19:30; Sa 13:00-18:00
U1 Schlesisches Tor

Braun, Bauhaus, dänisches, skandinavisches, italienisches und deutsches Design werden hier gekonnt präsentiert. Egon Eiermann, Wilhelm Wagenfeld, Borge Mogensen, Gino Sarfatti und Kartell sind nur einige der Namen, die man in diesem außergewöhnlich schönen Laden findet. Vor einer Weile waren die Kunden wild auf Design aus den 70er-Jahren, stellt der Besitzer fest. Jetzt interessieren sie sich mehr für das Industriedesign der 50er. Und dann sind da natürlich die zeitlosen Klassiker Bauhaus, Christian Dell, Le Corbusier und Charles Eames. In dem großartigen Showroom findet man viele Stücke, die heute nicht mehr produziert werden. Eine Adresse für Sammler.

KRAMARI

Gneisnaustraße 91
030 613 041 27
kramari@kramari.de / www.kramari.de
Di-Fr 14:00-19:00; Sa 12:00-17:00
U7 Gneisenaustraße

Nina Hagen und Michael Stipe von R.E.M. haben ihre Lampen bei Kramari gekauft. Der Laden, in dem es Leuchten aus den 50er und 60er-Jahren gibt, wurde 2003 von einem Architekten und seiner Frau gegründet. Hier bekommt man Super-Marken und alltäglichere Modelle, aber auch wahre Vintage-Ikonen: ein altes Saber-Radio und Colombos-Leuchtkugeln.

NESTHOCKER

Graefestraße 75
030 690 046 97
mail@nesthocker-berlin.de
www.nesthocker-berlin.de
Di-Fr 14:00-19:00; Sa 12:00-15:00
U8 Schönleinstraße

Kennen Sie das Knarren von alten
Holzdielen unter den Füßen? Diese
Atmosphäre hat Nesthocker. Das Angebot
des Geschäftes ist allerdings absolut
atemberaubend: Möbel aus Frankreich
und England, manche von Freunden des
Besitzers (ein Arzt mit Teilzeit-Stelle)
mitgebracht. Riesige Landkarten aus einer
Schule bei Frankfurt und Zeichnungen
biologischer Motive passen gut zu
Shabby-Chic-Möbeln, Industriedesign,
Art-Deco-Taschen und Stühlen von einem
Bauernhof. Die Auswahl wurde ganz
offensichtlich von einem Menschen mit
Geschmack und Feingefühl getroffen.

POLSTEREI & GALERIE

Graefestraße 90
030 666 551 65
info@polstereinowel.de
www.polstereinowel.de
Mo-Fr 10:00-18:00; Sa 11:00-16:00
U8 Schönleinstraße

Kann man altes Design auf neuen
Materialien als »authentisches« Recycling
bezeichnen? In dieser Polsterei in einer
der geschäftigsten Straßen des Gräfekiez
haben mich vor allem die Jugendstil- und
Art-Deco-Stoffe angesprochen. In dem
Geschäft mit angeschlossener Werkstatt
werden schon seit 25 Jahren alte Möbel
professionell aufgearbeitet. Als ich den
Laden besuchte, stand eine majestäti-
sche 20er-Jahre-Couch aus Amerika
nach 200 Arbeitsstunden kurz vor der
Fertigstellung. Kostenpunkt? € 13.000!

PONY HÜTCHEN

Pücklerstraße 33
030 698 186 79
lilli@pretty-stuff.de/ www.pretty-stuff.de
Mo-Sa 15:00-20:00
U1 Görlitzer Bahnhof

Schöne Möbel, die man am liebsten gleich
mitnehmen möchte, dazu Kleidung und
gute Stimmung – so beschreiben die
Ladenbesitzer ihr Angebot. Das Geschäft
ist vollgestopft mit allen möglichen Dingen. Ein Ort für eine Schatzsuche, voll
von originellen, witzigen und charmanten
Stücken.

SCHUBLADEN

Körtestraße 26
030 616 511 49
mail@schubladen.de/ www.schubladen.de
Di-Fr 11:00-19:00; Sa 11:00-16:00
U7 Südstern

Die außergewöhnlichen Vintage-Möbel,
die man in diesem Laden kaufen kann,
erzählen Geschichten. Schränke, Kom-
moden, Nachttische oder Ablagen werden aus übriggebliebenen Schubladen
gebaut. Die Patina bleibt intakt, nur der
Schmutz des Alters wird beseitigt, sodass
die Schubladen wieder leichtgängig
werden, ohne dabei ihren Charakter zu
verlieren. In ihren früheren Leben haben
sie vielleicht in einer Autowerkstatt, einer
Apotheke oder einem Wäschegeschäft
Dienst getan. »Manche haben Schilder,
auf denen man lesen kann, wofür die
benutzt wurden, zum Beispiel ‚Leuchten/
rot'. Eine Schublade wurde in Deutschland
gebaut und landete dann in einem
Elektroladen in Luxemburg, bevor sie
mir in die Hände fiel. Ich mag Dinge,
deren Wert man nicht auf den ersten
Blick erkennt. Er kommt erst wieder zum
Vorschein, wenn ich ihn in einen neuen
Kontext stelle,« sagt Franziska Wodicka,
der kreative Kopf hinter dem pfiffigen
Konzept.

SHOWRAUM

Schönleinstraße 3
030 488 135 88
mail@showraum.de/ www.showraum.de
täglich geöffnet von morgens bis abends nach
telefonischer Absprache
U8 Schönleinstraße

An diesem Laden bin ich hundert Mal
vorbeigegangen – leider immer außerhalb
der Öffnungszeiten – und habe mich
gefragt, wie es wohl drinnen aussieht. Von
außen wirkt er wie eine Mischung aus
Kunstgalerie und italiensicher Bäckerei.
Als ich wieder einmal das Schaufenster
bewunderte, hielt ein Typ auf einem Fahrrad an und sagte: »Ich habe den Schlüssel.
Willst du reinkommen?« So trat ich in eine
Wunderwelt aus handgemachten Möbeln
und spannendem Produktdesign aus
gefundenen Materialien. Ich hatte doch
geahnt, dass sich hinter der Tür etwas
Tolles versteckte. Fantastisches Recycling-
Design. Zuerst verliebt man sich in ein
Stück, und dann entdeckt man, dass es im
früheren Leben etwas ganz Anderes war
– vielleicht ein Stück Schlauch von einem
Autoreifen, eine ausgediente Couch, eine
Bodendiele oder einfach ein Reststück
Metall. Die Leute vom ShowRaum geben
ihm ein neues Leben, einen maskulin-
industriellen Look, und verkaufen das
Ergebnis als bezahlbare Kunst.

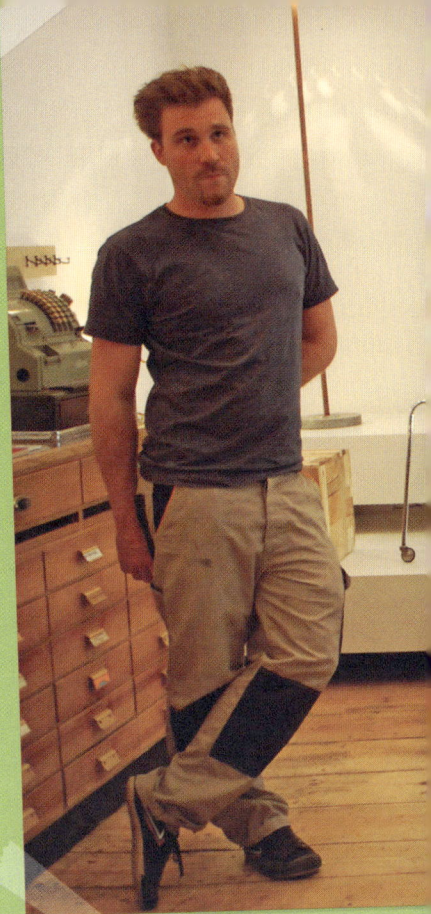

ShowRaum

Das Team vom ShowRaum sollten Sie kennen lernen. Jaap Wijnants hat in Holland Kunst studiert. Er besaß einen Fahrradladen, den er verkaufte, weil er das »Sachen machen vermisste«. Patrick Kerti ist Möbeldesigner. Er wollte hier einen Schreibtisch mieten, lernte dabei Regitze Kerti kennen und heiratete sie. Die dänische Architektin ist die Gründerin des Ladens, Sebastian Mall ist der Tischler. Er kam wegen eines Projekts dazu und beschloss dann, im Team zu bleiben. Das Anliegen des Teams ist, Recycling und Design zu verbinden, um so attraktive Möbel aus hochwertigen Materialien entstehen zu lassen. »Die Leute sollen zuerst hinschauen und mögen, was sie sehen.

Erst danach erkennen sie, woraus es eigentlich gemacht ist,« erklärt Jaap.

Im ShowRaum kann man originelles, umweltfreundliches Design zu absolut bezahlbaren Preisen kaufen. Das Team träumt von größeren Projekten, etwa der Ausstattung von Hotels. Sie gehen voller Idealismus an die Arbeit und widersetzen sich dem Trend der Massenproduktion. Wenn sie eins ihrer handgemachten Stücke verkauft haben, vermissen sie es. Die Freude am Gestalten individueller Stücke ist zu spüren, und wenn sich Kunden am Design-Prozess beteiligen, entstehen Unikate, die dem Käufer garantiert ans Herz wachsen.

»Wir sind romantisch und wissen Ästhetik
zu schätzen. Es geht uns nicht um techno-
logische Innovation. Wir mögen Textilien,
die Einzigartigkeit von Fundstücken
am Straßenrand, und wir versuchen, die
Schönheit solcher Stücke wieder herzu-
stellen,« sagt Patrick.

**»Die Leute sollen zuerst hinschauen und
mögen, was sie sehen. Erst danach erkennen sie,
woraus es eigentlich gemacht ist.«**

JAAP, SHOWRAUM

A&V WASCHBÄR

Kopernikusstraße 12
030 297 728 44
technik@auv-waschbaer.de
www.auv-waschbaer.de
Mo-Fr 10:00–19:00; Sa 10:00-16:00
U1&S Warschauer Straße

Bei Waschbär gibt es Waschmaschinen, Trockner, Spülmaschinen, Kühl- und Gefrierschränke und Unterhaltungs- elektronik. Wer ein überflüssiges Gerät zu Hause hat, kann es über diesen Laden verkaufen – die Abholung ist kostenlos.

KUNST UND ANTIQUITÄTEN

Schreinerstraße 64a
030 426 681 816
r.petter@petter-antiquitaeten.de
www.petter-antiquitaeten.com
Mi-Fr; Sa
U5 Samariterstraße

Gabi und Rainer Petter sind seit mehr als 25 Jahren Sammler. In ihrem Geschäft bieten sie vor allem seltenes Porzellan, antike Möbel, Gemälde und Bronzefiguren an.

GRÜNBERGER AN- & VERKAUF

Grünberger Straße 44
030 290 491 47
Mo-Fr 10:00-19:00; Sa 10:00-17:00
U5 Frankfurter Tor

Lassen Sie sich von den Modeschmuck- Bergen auf dem Esstisch vorn im Laden nicht täuschen. Der Schwerpunkt des Angebots liegt auf Lampen, Kunst und Möbeln aus verschiedenen Epochen. Manche Stücke – aber nicht alle – sind Raritäten. Faszinierend.

ORIGINAL IN BERLIN

Karl-Marx-Allee 94
030 609 360 46
lars@originalinberlin.de
www.originalinberlin.de
Mo-Fr 11:00-19:00; Sa 12:00-16:00
U5 Weberwiese

Lars, die treibende Kraft hinter diesem
Geschäft, ist ein leidenschaftlicher
Vintage-Fan, und seine Begeisterung ist
ansteckend. Um seine lange Geschichte
kurz zu erzählen: Er fing mit 20 an, Panton-
Stühle zu kaufen, spielte Schlagzeug in
einer Band, hörte viel Musik aus den 60er-
Jahren, kaufte sich ein Auto aus derselben
Zeit und entdeckte dann sein Interesse
für Space-Age-Möbel. Ein ganzheitliches
Vintage-Leben. Dann entdeckte er ameri-
kanische Stücke aus der Mitte des vorigen
Jahrhunderts für sich, und diese bilden
bis heute den Schwerpunkt seines Ladens.
Viele kauft er in Amerika, beispielsweise
Herman Miller, Eames, Paul McCobb,
Marshall Studios. Fragt man ihn nach
seinen Auswahlkriterien, sagt er: »Meine
Leitschnur ist mein Geschmack.«

Original in Berlin arbeitet mit Polsterern
und Tischlern zusammen, um individuelle
Kundenwünsche zu erfüllen. »Ich mag
den Galerie-Charakter von Vintage-
Möbelläden nicht. Meiner sollte darum
mehr wie eine Werkstatt aussehen,
damit man ein besseres Gefühl für die
Handarbeit bekommt.«

Durch die Zusammenarbeit mit internationalen Auktionshäusern wie Phillips
de Pury, Wright20 und Christie's kann
das Geschäft auch ältere Stücke in großen
Stückzahlen beschaffen (zum Beispiel
einen bestimmten Lampentyp oder Eames-
Regale), um Restaurants und andere
größere Räumlichkeiten auszustatten.

PIRA X - BERLIN

Niederbarnimstraße 20
0177 154 318 1
schmale-berlin@t-online.de
Mo, Di, Fr, Sa 14:00-20:00
U5 Samariterstraße

Pira-X ist ein ausgesprochen charmanter
und femininer Laden. Leuchten, Möbel
und Accessoires aus den 20er bis 70er-
Jahren sind so liebevoll präsentiert, dass
man stundenlang herumwandern und alle
Ecken erkunden möchte. Chic und retro!

TECHNISCHER AN- & VERKAUF

Frankfurter Allee 68
030 212 375 85
Mo-Fr 10-18; Sa 10:00-14:00
U5 Samariterstraße

Diesen Laden gibt es schon seit etwa 20 Jahren. Angeboten werden elektronische Geräte von sehr guter Qualität, beispielsweise Computermonitore, Fernseher, DVD-Player, Verstärker, Stereoanlagen. Außerdem ist das Geschäft ein Paradies für PlayStation- und Nintendo-Fans. Je nach Art des Artikels wird eine Garantie von 3 bis 12 Monaten gegeben. Wer als Kind nicht ohne Gameboy konnte, hat gute Gründe, diesem Laden einen Besuch abzustatten.

A&V TECH

Eberswalder Straße 29
030 440 496 10
sadik21@hotmail.de
Mo-Fr 11:00-19:00; Sa 12:00-20:00
U2 Eberswalder Straße

Bis zur Decke stapeln sich Computer, Waschmaschinen, Kühlschränke, Fernseher, Spielekonsolen und Hi-Fi-Geräte. Nur in der Mitte ist ein schmaler Gang frei.

DER MÖBELLADEN

Wörther Straße 15
030 440 375 60
mail@der-moebelladen-berlin.de
www.dermoebelladen-berlin.de
Di-Fr 12:00-19:00; Sa 11:00-16:00
U2 Senefelderplatz

Jenno Fulde, der »Kurator« dieses Ladens, hat Germanistik und Theaterwissenschaft studiert, verdient sein Geld aber mit dem Verkauf antiker Möbel. Er betont, dass diese Stücke absolut alltagstauglich sind. Es handele sich nicht um Kunstwerke, sondern um Möbel im Stil der Gründerzeit, des Biedermeier und Jugendstil. Mir fiel allerdings der Industriecharakter eines Operationstisches besonders ins Auge, der nur zufällig seinen Weg in den Laden gefunden hatte. Normalerweise verkauft der Möbelladen große Holztische, die aus alten Dielen aus den Wohnungen in der Umgebung gebaut werden.

E-HAUS

Schliemannstraße 1
030 488 260 44
zahirhajjo@yahoo.de
Mo-Sa 10:00-20:00
U2 Eberswalder Straße

Hier gibt es jede Menge elektrische
Geräte von Herstellern wie Siemens,
Philips, Miele, Braun und Bosch. Das
E-Haus gibt auf alle Produkte 12 Monate
Garantie und bietet auch Lieferung und
Reparaturservice an.

FRIEDRICHS LUST
SCHREIBER
+MOZEDLANI

Schönhauser Allee 8
030 517 362 56
info@ friedrichslust.de / friedrichslust.de
Do-Fr 15:00-19:00; Sa 12:00-18:00
U2 Rosa-Luxemburg-Platz

Das Sammeln gehört zum menschlichen
Wesen. Es gibt kaum jemanden, der
gar nichts sammelt. Und noch weniger
Menschen schaffen es, ihre Sammlungen
außerhalb der eigenen vier Wände zu präsentieren. Zu diesen gehören Schreiber
+ Mozedlani. In ihrem Laden findet man
ausgefallene Kunstwerke, Antiquitäten,
Dekorationen und restaurierte Möbel,
aber auch ausgefallenere Stücke wie
Sportgeräte von 1900, die man auch
mieten kann. Die restaurierten Stücke
und ihre eigenen Kreationen werden gelegentlich für Zeitschriftenfotos, Film- und
Fernsehproduktionen ausgeliehen. »Wir
lieben es, alte Stücke zu finden. Wir sind
immer auf der Suche nach Ausgefallenem
und freuen uns, wenn wir sie an coole
Leute verkaufen können,« sagen die
Besitzer.

> »Die Szene der Berliner Vintage-Läden ist groß, aber wir können alle nebeneinander existieren.«

JULIANA, MÖBEL KOMBINAT

Möbel&Stiefel Kombinat

Julianas Vater hat jahrelang in einer Firma für Haushaltsauflösungen gearbeitet. Als Kind hat sie ihn oft begleitet, wenn er die Sachen abholte und zu verschiedenen Händlern brachte. Dadurch hat sie Geschmack an alten Stücken und dem Vintage-Stil gefunden. »Wenn ich mit meinem Vater unterwegs war, um VEB Orange und andere Läden seiner Freunde zu besuchen, fand ich es immer toll, wie sich die Leute über alte Möbel freuen konnten. So habe ich ein Auge für diese Stücke entwickelt.«

Später machte sie eine Ausbildung als Zahnarzthelferin, aber der Job war schlecht bezahlt. Also griff sie auf die Erfahrung ihrer Kindheit zurück und eröffnete einen Second Hand-Laden für Stiefel in der Oderberger Straße. Das Insiderwissen und die Kontakte ihres Vaters waren dabei eine gute Starthilfe. Das Geschäft wuchs schnell, und sie erkundigte sich bei ihren Kunden, welche Second Hand-Artikel noch begehrt waren. Zwei hauptstichworte führten dazu, dass sie neue Geschäfte eröffnete: eins für Männerkleidung (in der Eberswalder

Straße) und später noch eins für Möbel (Möbel Kombinat). »Männer tragen ihre Kleidung oft auf, darum ist es schwieriger, gute erhaltene gebrauchte Sachen zu finden. Außerdem sind sie natürlich teurer als Frauenklamotten«, sagt Juliana.

Interessant ist Julianas Einstellung zum Wettbewerb auf dem Second Hand-Markt. Sie meint, er sei kaum zu spüren. »Fast alle Stücke sind Unikate, darum empfehle ich den Kunden sogar, sich auch in anderen Läden nach dem umzusehen, was sie suchen. Die Szene der Berliner Vintage-Läden ist groß, aber wir können alle nebeneinander existieren.« Außerdem gibt es noch viele Dachböden und Keller mit Relikten aus der DDR-Zeit, die entrümpelt werden wollen. Dann kommen Juliana und andere zum Zug.

Ihre Zukunftsprognosen sind allerdings eher düster. »Second Hand wird aussterben, weil die Qualität der Waren in den nächsten Jahrzehnten immer schlechter werden wird. Textilien halten kaum noch ein Jahr – wie sollen sie dann bis in spätere Jahrzehnte überleben?«

KOLLWITZ KABINETT

Wörtherstraße 31
030 218 012 32
kollwitzkabinett@web.de
Mo-Fr 13:00–19:00; Sa 11:00-17:00
U2 Eberswalder Straße

Die beliebte Malerin und Bildhauerin
Käthe Kollwitz drückte in ihren Werken
ihr Mitgefühl mit den Armen, den Hun-
grigen und den Kriegsopfern aus. Der Reiz
dieses Geschäftes, das an sie erinnert,
liegt in der umfangreichen Sammlung
von Bildern, Lithographien und anderen
Kunstwerken des Impressionismus und
Jugendstil, die direkt aus verschiedenen
Auktionshäusern kommen. Glitzernde
Kronleuchter aus Österreich verbreiten
Ballsaal-Atmosphäre. Die Rahmen der
Bilder stammen von Flohmärkten und
sind auf die Entstehungsepoche des jewei-
ligen Bildes abgestimmt. Der Stil passt
zu den Häusern der Umgebung. Eva, die
Besitzerin, erklärt: »Die Grenze zwischen
Kunst und Kitsch ist sehr dünn, aber
man braucht immer ein bisschen davon.«
Vielleicht verkauft sie darum auch deko-
rative Skulpturen. Schauen Sie vorbei,
denn Eva lernt gern Leute kennen, die
ihren Geschmack teilen.

KUNST-A-BUNT

Wörther Straße 39
030 443 577 35
info@kunst-a-bunt.de/ www.kunst-a-bunt.de
Mo-Fr 11:00–19:00; Sa 11:00-17:00
U2 Senefelderplatz

Wein vom Rhein, Bücher, Lampen und
viele Bilder, arrangiert wie in einer
Kunstgalerie, teilen sich die Bühne mit
Geschirrservices und Keramik. Einmal
im Jahr wird der Laden tatsächlich als
Galerie benutzt – für Werke der Künstler
aus der Nachbarschaft.

LAMPENMANUFAKTUR BERLIN

Rykestraße 51
030 440 451 32
info@lampenmanufaktur-berlin.de
www.lampenmanufaktur-berlin.de
Mo-Fr 12:00–19:00; Sa 10:00-18:00
U2 Eberswalder Straße

Hier werden aus Teilen, die aus Italien,
Polen und manchmal der Türkei stammen,
Kopien antiker Lampen hergestellt. Auch
Originale aus Haushaltsauflösungen wer-
den in der Lampenmanufaktur restauriert.
Die meisten stammen aus den 1920er bis
1950er Jahren – Art Deco und Jugendstil,
Messingleuchten und Bauhausstil. Und
welcher Trend ist gerade im Kommen?
Psst, nicht weitersagen: klassisches
Design mit technischem Charakter. Wenn
Sie gerade eine Lampe auf dem Flohmarkt
gekauft haben und feststellen, dass sie
nicht funktioniert, kann man Ihnen hier
auch helfen.

MAGASIN

Lychener Straße 3
030 747 725 60
info@magasin-berlin.de
www.magasin-berlin.de
Mo-Fr 14:00–20:00; Sa 12:00-18:00
U2 Eberswalder Straße

Der Schwerpunkt liegt in diesem Geschäft
auf Design aus der Mitte des vorigen
Jahrhunderts. Schon beim Eintreten spürt
man, dass die Waren Platz zum Atmen
haben. Es ist keiner von diesen Second
Hand-Läden, in denen sich Krimskrams
bis an die Decke stapelt, sondern ein
echter Showroom, in dem jedes Stück
das richtige Maß an Aufmerksamkeit
bekommt. Man rechnet damit, große
Namen zu finden, aber hauptsächlich handelt es sich einfach um Möbel von guter
Qualität. Der Laden passt perfekt zum
Geschmack der PrenzlBerger: gut verar-
beitetes Vintage-Design.

MÖBELKOMBINAT BERLIN

Wolliner Straße 18-19
030 754 572 80
info@stiefelkombinat.de
www.stiefelkombinat.de
Mo-Sa 12:00-20:00
U8 Bernauer Straße

Dies ist das Schwestergeschäft des
Stiefelkombinats. Die Besitzerin Juliana
hat ihn vor vier Jahren eröffnet, nachdem
sie von ihren Stammkunden erfahren
hatte, dass eine große Nachfrage nach
schönen Vintage-Möbeln bestand. Dem
konnte abgeholfen werden. Und um der
Nachfrage noch besser nachzukommen, notiert sich Juliana die Wünsche
ihrer Kunden und ruft an, sobald sie
das gesuchte Stück gefunden hat. Ihr
Schwerpunkt liegt auf Interior Design
und Möbeln aus den 60er bis 80er Jahren.
Mir gefiel die Originaltapete aus der DDR
besonders gut, die es in verschiedenen
Mustern gibt. Total chic.

OBJETS TROUVÉS. NONCHALANTES WOHNEN

Rykestraße 32A
0163 181 098 5
ot-berlin@gmx.de
www.objets-trouves-berlin.de
Mi-Sa 12:00–19:00
U2 Eberswalder Straße

Shabby Chic oder Nonchalantes Wohnen, wie sich der Laden nennt, steht für Vintage-Möbel und unrestaurierte Stücke aus Industrie und Gewerbe, die in einen neuen Kontext gestellt werden. Sie werden hingerissen sein von den französischen Industriemöbeln, den Medikamenten- und Aktenschränken, die Robert Hohberg und Magdalena Arnold auf ihren Reisen auf den Straßen gefunden haben. Die Stücke sind mit Fingerspitzengefühl aufgemöbelt, manchmal nur gereinigt, und wieder funktionsfähig gemacht. Die Mischung von Klassikern von den 20er bis 50er-Jahren stammt aus Belgien, Holland, Tschechien und Deutschland.

STUDIO ZIBEN

Danziger Straße 22
030 347 162 77
info@studio-ziben.de
www.studio-ziben.de
Di-Sa 12:00-19:00
M10 Husemannstraße

Der polnische Designer Mariusz Malecki gestaltet sein Design aus Verschnittholz von Tischlereien oder indem er Dinge, die er auf der Straße findet, neu belegt und zweckentfremdet. Dabei entstehen bemerkenswerte Kombinationen aus Alt und Neu, die viel Gefühl ausstrahlen und Geschichten erzählen. Regale aus Bodendielen, Glasschränke mit Türen aus alten Fenstern, kleine Schränke und Schreibtische aus Holzresten. »Ich baue Märchen«, sagt Maruisz. Dem kann ich nur zustimmen.

ZWISCHENZEIT

Raumerstraße 35
030 446 733 71
chris@zwischenzeit.org
www.zwischenzeit.org
Mo-Fr 14:00-19:00
U2 Eberswalder Straße

Stellen Sie sich vor, es ist ein warmer Sommerabend und Sie planen eine Poolparty. Sie brauchen coole Limonadenkrüge aus Frankreich oder Italien für den Aperitif, hübsche alte Gläser für die Cocktails, Vasen für die Blumen und Jazz-Schallplatten für die Stimmung. Vielleicht auch einen neuen Couchtisch? Alle erdenklichen Glasartikel aus den 70ern und einige Einrichtungsstücke aus den 50ern bekommen Sie bei Zwischenzeit.

AUS ZWEITER HAND

Torstraße 98
030 282 236 7
Mo-Fr 13:00-19:00
U8 Rosenthaler Platz

Dieses Geschäft gab es schon zur Zeit der DDR. Damals konnte man Dinge aus dem Westen nur in Gebrauchtwarenläden kaufen. Inzwischen kann man hier Sachen erstehen, die wahrscheinlich (und manchmal hoffentlich) nicht mehr industriell hergestellt werden. Zu DDR-Zeiten bestimmte der Staat, was in dem Laden verkauft wurde: Kinderkleidung. Nach dem Mauerfall konnte der Besitzer selbst entscheiden, seitdem bietet er Antiquitäten und andere Waren an, die ihm zusagen. Er mag seinen Job, weil er nie genau weiß, was am nächsten Tag in seinen Laden kommen wird. Modelleisenbahnen, Spielzeug, Geschirr, Mobiltelefone und andere elektronische Geräte.

STUE

Torstraße 70
030 247 276 50
mail@stueberlin.de/ stueberlin.de
Mo-Sa 12:00-19:00
U2 Rosa-Luxemburg-Platz

Der Laden gehört Heike, einer ehemaligen Rock- und Popsängerin und
gelernten Gitarrenbauerin. Angeboten
werden vor allem dänische Möbel aus
dem 20. Jahrhundert, die gereinigt und
generalüberholt sind, sodass sie noch
weitere 50 Jahre funktionstüchtig und
dekorativ bleiben. Ihr Wert liegt vor
allem in ihrer Zweckmäßigkeit, der guten
Handwerksarbeit und der Patina. Die
Preise sind fair, denn Heike überlegt
selten, zu welchen Maximalgeboten sie
ihre Waren versteigern könnte. Außerdem
bietet sie moderne Keramik, Schmuck,
Handtaschen, Porzellan, Kunst und andere
Produkte an. Von Zeit zu Zeit dient das
Geschäft auch als Galerie für unabhängige Künstler.

20TH CENTURY INTERIOR BERLIN

Münzstraße 19 - 1. Hinterhof
030 854 051 41
fahrein@20thcenturyinterior.com
www.20thcenturyinterior.com
Di-Sa 12:00-18:00 und nach Vereinbarung
U2 Rosa-Luxemburg-Platz

Von Tobias Allan Fahrein können
Sie lernen, wie Vintage-Möbel einer
Wohnung Flair und Charakter geben.
In seinem exklusiven Showroom präsentiert er ausgesuchte Stücke mit viel
Fingerspitzengefühl, mehr Auswahl gibt
es in den Räumen im Tiefgeschoss zu
sehen. Die Möbel, vorwiegend aus den
60er-Jahren, sind selten, originell und in
makellosem Zustand. »Manche finde ich,
andere finden mich. Insgesamt bilden sie
ein Mittelding aus Laden und Museum«,
sagt Tobias.

WAAHNSINN

Rosenthaler Straße 17
030 282 002 9
shop@waahnsinn-berlin.de
www.waahnsinn-berlin.de
Mo-Sa 9:00-18:00
U8 Weinmeisterstraße

Dieses Geschäft ist randvoll mit verrückten Dingen: Lampen, Cocktailsessel aus den 60er-Jahren, eiförmige Gartenstühle, Melitta-Tassen, Sonnenbrillen aus den 50er bis 70er-Jahren, vereinzelte Möbel, Tassen und Töpfe aus DDR-Zeiten, alte Playboy-Hefte, Original-Mikrophone und Retro-Telefone. Viele der Waren stammen aus Luxemburg, Holland und Deutschland. Der Laden vermietet auch Smokings und Möbel für Film- und Theaterproduktionen, außerdem werden einige neue Kollektionen von einheimischen Modedesignern hier verkauft. Fragen Sie unbedingt auch nach dem Keller!

Stue

Heike, die Besitzerin von Stue, war in den 90er-Jahren Sängerin in einer Indie-Rockband. Sie singt noch immer in einer Band namens Metal Ghost, aber seit sie Mutter ist, wollte sie lieber einen solideren und sicheren Broterwerb. Als halbe Dänin verbrachte sie die Sommerferien in Dänemark und hätte am liebsten ganze Flohmarktstände aufgekauft, weil ihr die Möbel so gut gefielen. Sie hatte ihre Berliner Wohnung mit Flohmarktmöbeln eingerichtet, doch das waren wuchtige und schwere Stücke, die sich nur mit Mühe verrücken ließen. Der dänische Stil war genau nach ihrem Geschmack: leicht, schlicht und stylisch. Also kaufte sie groß ein, verfrachtete alles nach Berlin und eröffnete ein Geschäft in Schöneberg. Ihre Kunden, von denen viele am Prenzlauer Berg wohnen, beklagten sich, dass ihr Geschäft so weit entfernt lag. Darum siedelte sie in die Torstraße über, nachdem ihr die Räume in der inzwischen überteuerten Schönhauser Allee gekündigt worden waren. »Hier ist es immer noch schmutzig und laut, und auch etwas ab vom Schuss. Leute, die hierher kommen, wissen genau, was sie wollen. Das gefällt mir.«

Über ihre Kunden erzählt sie: »Zuerst waren sie irritiert und sagten, sie fänden die Möbel, die ihre Eltern hatten, scheußlich. Aber dann entdeckten sie ihre Vorzüge, legten ihre Voreingenommenheit ab und begannen, die Funktionalität und die gute Handwerksarbeit zu schätzen.« Die Menschen in Berlin hatten lange Angst, allzu sesshaft zu werden. Die Bewohner dieser Stadt pflegen einen Cowboy-Lebensstil – sie schlafen auf dem Sofa oder einer Matratze, die in eine Ecke geworfen wird, weil sie dadurch Freiheit und Flexibilität gewinnen. Aber jetzt kommen immer öfter junge Menschen zu Stue und suchen nach schönen, preiswerten Möbeln für ihre Wohnung.

»Mir gefällt an meinem Geschäft, dass die Waren gut zusammenpassen und ein stimmiges Gesamtbild ergeben. Irgendwie gelingt es mir, die Dinge aufeinander abzustimmen. Darum biete ich auch Interior Design und Einrichtungsberatung an. Manchmal stelle ich nur die Möbel um, die schon vorhanden sind, um die Wohnbedingungen besser an die Bedürfnisse der Kunden anzupassen. Genau wie bei der Musik überlege ich einfach, wie die Elemente zusammenpassen,« sagt Heike.

»Mir gefällt an meinem Geschäft,
dass die Waren gut zusammenpassen und
ein stimmiges Gesamtbild ergeben.«

HEIKE, STUE

ANTIK & MODERNE

Belzigerstraße 24
030 887 192 10
stephan.burda@gmx.de
www.berlinburdawohnungsaufloesungen.de
Mo-Fr 12:00-18:00; Sa 11:00-14:00
U7 Eisenacher Straße

Sie nennen ihr Angebot »aus der Zeit der Großeltern«, aber für andere sind es moderne Designermöbel aus den 70er-Jahren. Außer Möbeln und Kronleuchtern bekommt man in diesem Geschäft auch Geschirr von Hutschenreuther und allerlei Glasobjekte aus den 60er und 70er-Jahren. Hier in Schöneberg gibt es viele Altbauwohnungen, darum ist dieser Laden eine gute Adresse für Leute, die sich authentisch und stilvoll einrichten wollen.

PETERSEN FERNSEHDIENST

Kolonnenstraße 51
030 781 474 7
petersen.fernsehdienst@yahoo.de
www.fernsehdienstpetersen.de
Mo-Fr 10:00-20:00; Sa 10:00-18:00
U7 Kleistpark

Wii-Konsolen, Fernseher, Kabel, Kassettenrekorder, Waschmaschinen, Geschirrspüler, Herde (mit einem Jahr Garantie). Der Laden ist vielleicht etwas teurer als manche anderen, aber dafür muss man nicht schon nach zwei Monaten nach Ersatz suchen. Gute Angebote.

RESTPOSTEN
AN + VERKAUF

Dudenstraße 32
030 854 086 44
Mo-Fr 10:00-20:00; Sa 11:00-16:00
U6 Platz der Luftbrücke

Elektronik aller Art, Computer, Fernseher, CD-Player, Mobiltelefone, Kühlschränke, Hi-Fi-Kabel, Kopfhörer, Kaffeemaschinen und ein paar Fahrräder. Der Laden sieht etwas chaotisch aus, aber Metin ist sehr freundlich und die Waren sind günstig und in ordentlichem Zustand. Während wir uns unterhielten, grüßte er alle Passanten und bot mir ein Glas Ayran (den beliebten türkischen Trinkjoghurt) an. Ein paar Minuten später half er einer Frau, die gerade irgendwo ein Fahrrad gekauft hatte, beim Ölen ihrer Kette. Metins Geschäft ist außerdem Abgabe- und Abholungsstelle für einen Paketdienst.

ART+INDUSTRY

Bleibtreustraße 40
030 883 494 6
info@aiberlin.de
www.artindustryberlin.de
Mo-Fr 14:00-18:30; Sa 11:00-16:00
S Savignyplatz

Die Begeisterung des Ladenbesitzers
für Uhren und alte Stücke geht auf die
Zeit zurück, als er seinem Vater, einem
Uhrmacher, über die Schulter sah. Heute
hält er in seinem Geschäft ein großes
Angebot von Vintage-Armbanduhren
(mit einem Jahr Garantie), Tischuhren,
Manschettenknöpfe aus den 50er und
60er-Jahren (fantastisch!), Ringe und
Armbänder aus Frankreich und den USA,
schöne Art-Deco-Ketten aus den 30er-
Jahren und viel Bernsteinschmuck bereit.

Die Möbel sind sorgfältig ausgewählt
– nicht nach Marken, sondern nach
Tradition und Handwerksarbeit. Der
Ladenbesitzer hält engen Kontakt zu
Architekten und privaten Sammlern. Um
den Wert der Möbel zu schätzen, ist es
seiner Meinung nach wichtig, etwas über
den Hintergrund der Stücke zu wissen,
über die Herstellungsmethoden und die
Zeit, in der sie gebaut wurden.

Der Haupt-Showroom für Möbel liegt
nur ein paar Blocks entfernt an der
Wilmersdorferstaße. Besichtigen kann
man ihn dienstags von 11 bis 18 Uhr oder
nach Vereinbarung. Hier findet man weitere Stahlrohrmöbel, Sessel und Sofas,
Schreibtische und Esstische, Lampen und
Schränke aus den 20er bis 50er Jahren.
Außerdem wird ein Restaurierungsservice
angeboten und die Möbel werden auch als
Requisiten vermietet.

HANS-PETER JOCHUM

Bleibtreustraße 41
030 882 161 2
hpjochum@snafu.de
www.hpjochum.de
Mo-Fr 14:00-18:30; Sa 11:00-16:00
U1 Uhlandstraße

Hans-Peter Jochum gehört zu den nettesten und anregendsten Menschen der
Berliner Vintage-Szene. Seit 25 Jahren
führt er sein kleines Geschäft mit sorgfältig ausgesuchten Originalmöbeln aus
den 50er-Jahren und eine Galerie mit
häufig wechselnden Ausstellungen in der
Knesebeckstraße 54. Farbige Teppiche
aus Marokko muntern das Ambiente mit
den historischen Möbeln auf.

Er stellt fest: »Heute werden viele
Vintage-Möbel online verkauft. Wir tun
das nicht, denn unserer Meinung nach
muss man die Dinge direkt sehen und
auch anfassen, um vielleicht etwas zu
entdecken, was man gar nicht gesucht hat.
Wenn man strikt nach Eames sucht, kann
man keine neuen Designs entdecken.« Er
findet, dass man ruhig verschiedene Stile
kombinieren sollte – einen Sessel aus dem
Iran, einen Tisch aus Italien, eine Lampe
aus Amerika. Erst durch den Mix entstehen individuelle Interieurs.

L&M LEE

Kurfürstendamm 32
030 881 733 3
info@lampen-lee-berlin.de
www.lampen-lee-berlin.de
Mo-Sa ab 10:00
U1 Uhlandstraße

1972 war dies ein Antiquitätengeschäft, in dem man Porzellan und Schmuck kaufen konnte. Jetzt liegt der Schwerpunkt auf Lampen – Originale und Repliken – von 1900 bis etwa 1930. Dieser Stil ist wie geschaffen für Berlin, weil es hier viele Jugendstilwohnungen gibt. Außerdem umfasst das Angebot Jugendstilschmuck, Geschirr und Decken, Küchenutensilien, Morgenmäntel, Schürzen und Hemden von 1910. Der Laden mit der langen Geschichte ist auch bei VIPs und Fernsehstars gut bekannt. Angeblich soll kurz vor dem Mauerfall sogar Bob Dylan vorbeigeschaut haben. Teuer, aber erstklassig.

REISEANTIQUITÄTEN

Suarezstraße 48-49
030 208 268 1
shambhu@web.de
www.reiseantiquitaeten.de
Mo-Fr 12:00-19:00; Sa 11:00-15:00
U2 Sophie-Charlotte-Platz

Wer gern reist, sammelt meist auch Mitbringsel. Irgendetwas bringt man fast immer von Reisen mit, und sei es nur eine Postkarte, einen Kühlschrankmagneten oder ein Kaugummi. Bei Reiseantiquitäten kann man alles Mögliche kaufen, das mit dem Reisen zu tun hat: altes Gepäck, Globen und kleine Souvenirs. Außerdem gibt es hier Gemälde aus den 40er-Jahren und andere Kunst- und Designobjekte.

SCHÖNE ALTE GLÄSER

Suarezstraße 58
030 323 811 1
amanda@ schoene-alte-glaeser.de
www.schoene-alte-glaeser.de
Mo-Fr 11:00-18:00; Sa 11:00-15:00
U2 Sophie-Charlotte-Platz

Das nenne ich Spezialisierung. Brigitte
von Kuhlberg sammelt seit 30 Jahren
Gläser und präsentiert ihre Sammlung
nun in ihrem Geschäft in der Suarezstraße, der Antiquitätenmeile Berlins.
Hier findet man Gläser aller Arten und
Stilrichtungen: Likörschalen, alte Bieder-
meier-Weingläser und Dekorationsobjekte
aus Muranoglas. Das Gewünschte ist
nicht vorrätig? Fragen Sie nach – es wird
für Sie besorgt.

ZEITLOS

Kantstraße 17
030 315 156 31
info@ zeitlos-berlin.de
www.zeitlos-berlin.de
Mo-Sa 10:00-19:00
U1 Uhlandstraße

Als Uwe seinen Laden Zeitlos in den
1990er-Jahren eröffnete, lagen Vintage-
und Second Hand-Möbel noch nicht so
im Trend wie heute. Außerdem waren
Originalstücke schwierig zu beschaffen,
und es gab noch recht wenige Kunstgalerien. Darum beschloss er, sich aufs
Bauhaus zu konzentrieren, und dabei ist
er bis heute geblieben. Alle Stücke bei
Zeitlos haben Sammlerwert. Thonet, Mies
van der Rohe und andere große Namen
sind in seinem Showroom anzutreffen, einzigartige Stücke mit Originalstoffen. Der
Showroom selbst ist mit Linoleumböden
und Bakelitlampen im Stil der 30er-Jahre
gestaltet. Ein wahrlich zeitloses Design,
und einer der besten Berliner Läden für
Vintage-Möbel. Den sollten Sie sich nicht
entgehen lassen.

ACCESSORIES & AMBIENTE

Bürknerstraße 39
030 634 132 12
Mo-Fr 13:00-20:00; Sa 12:00-17:00
U8 Schönleinstraße

Ein ehemaliger Journalist aus Polen, der sich auf Südafrika spezialisiert hatte, führt dieses Geschäft, das eigentlich eher ein Treffpunkt ist. Man kann nach der Arbeit vorbeikommen, am Kamin sitzen und an der stattlichen Bar Kaffee oder Tee bestellen.

Weil der Ladenbesitzer alte Dinge liebt, begann er, auf Flohmärkten Gemälde, Vasen, Keramik und andere Antiquitäten zu kaufen. Dann beschloss er, seine Leidenschaft mit anderen zu teilen. Ein Highlight sind die Schränke, aber auch die Art-Deco-Lampen, die Wanduhren und die Möbel aus dem viktorianischen Zeitalter und der Gründerzeit im hinteren Teil des Ladens sind sehr sehenswert.

ADLER

Weichselstraße 15
030 832 172 24
Mo-Sa 12:00-20:00
U7 Rathaus Neukölln

Die Straße in Neukölln, in der dieses Geschäft liegt, könnte man als »Second Hand-Land« bezeichnen. Bei Adler bekommt man Elektrogeräte aller Art.

BERLIN-TRÖDEL

Pannierstraße 10A
030 780 805 43
Mo-Sa 10:00-19:00
U7&U8 Hermannplatz

Gebrauchtwaren aller Art, auch Waschmaschinen und Kühlgeräte, gibt es in diesem Laden. Die Inhaber bieten Keller-Entrümpelungen mit Transportservice an.

DAKKOUR ELEKTRONIC

Erkstraße 21
030 260 301 41
Mo-Sa 10:00-18:30
U7 Rathaus Neukölln

Mikrowellen, Fahrräder und riesige Kühl- und Gefriergeräte im Gastronomieformat stapeln sich etwas unübersichtlich. Aber man hat gute Chancen, DAS Gerät zu finden, das in keinem anderen Laden zu bekommen ist.

EKSTASE 51 LICHT & DESIGN

Friedelstraße 51
030 850 756 11
ekstase51@googlemail.com
www.ekstase51.de
Di-Fr 15:00-19:00; Sa 14:00-18:00
U7&U8 Hermannplatz

Dieser Laden ist ein Labyrinth voller Vintage-Schätze. Er wurde in einer Wohnung eingerichtet und besteht aus sechs Räumen, die jeweils ein eigenes Thema haben. Da gibt es den Teak-Raum mit dänischen Möbeln; den 70er-Jahre-Raum mit Lampen, Vasen und Küchen-utensilien; den 50er-Jahre-Raum mit Produkten aus der DDR und den Show-room mit Marken-Designermöbeln. Die breit gefächerte Auswahl unglaublicher Dinge lädt zu einer spannenden Ent-deckungsreise ein. Da gibt es Edles und Verrücktes, Elegantes und Kunterbuntes. Und wenn man dann noch bedenkt, dass Sabine Drescher nicht ihren Lebens-unterhalt damit verdient, sondern den Laden als Hobby betreibt, schätzt man ihn umso mehr.

HAUSHALTSGERÄTE-PETER WIENS

Sonnenallee 38
030 624 203 9
haushaltsgeraete-peter-wiens@gmx.net
Mo-Fr 10:00-18:00; Sa 10:00-14:00
U7 &U8 Hermannplatz

Kühlschränke, Waschmaschinen,
Geschirrspüler und jede Menge Herde.
Gebrauchte Gasherde haben Seltenheits-
wert, weil sie nach jahrelanger Benutzung
so schwierig zu reinigen sind. Aber Peter
Wiens bringt sie wieder auf Hochglanz.
Auf jedes Gerät gibt er sechs Monate
Garantie.

TAMIM

Hobrechtstraße 6
030 624 331 7
info@gebrauchte-elektrogeraete-berlin.de
www.gebrauchte-elektrogeraete-berlin.de
Mo-Fr 9:00-18:00
U7&U8 Hermannplatz

Seit 1977 wird in diesem Laden alles verkauft, was einen Stecker hat. Sämtliche
Geräte stammen aus Privathaushalten
und werden etwa zu einem Drittel des
Neupreises angeboten. Die freundliche,
gesprächige Geschäftsinhaberin hat
mir auch gleich die letzten Neuigkeiten
aus dem Viertel erzählt. Bei einem
Besuch in ihrem Laden bekommt man
Informationen über die Geschichte der
Nachbarschaft und den neuesten Tratsch
gratis dazu. Abschließend meinte sie
noch, dass es inzwischen schwierig geworden sei, »gute alte Sachen zu bekommen.«

TYPISCH BERLIN

Flohmärkte
Ostalgie

NOSTALGIE BEDEUTET URSPRÜNG- LICH HEIMWEH, UND DAS GALT FRÜHER ALS KRANKHEIT – ALS VERZEHRENDES VERLANGEN, WIEDER IN DIE HEIMAT ZURÜCK- ZUKEHREN. HEUTE SETZEN WIR NOSTALGIE EHER MIT TAGTRÄUMEN ÜBER DIE VERGANGENHEIT GLEICH, MIT ERINNERUNGEN, DIE DURCH DEN DUFT EINES PARFÜMS ODER DAS TICKEN EINER UHR AUSGELÖST WERDEN KÖNNEN.

Wie kam es zu dem Bedeutungswandel? Ich glaube zwar, dass man manche Gefühle nicht erklären kann, aber die plausibelste Erklärung, die ich gehört habe, hat mit dem Tempo technischer Innovation zu tun. Das mag sein, denn weil sich Körper und Seele generell eher langsam an Veränderungen und das Tempo technischer Entwicklung anpassen, ist Nostalgie eine Art Rückzug ins angenehm Vertraute.

Dass Berlin so lange in Ost und West geteilt war, hat die Nostalgiegefühle bei seinen Bewohnern noch verstärkt. Aber man wollte auch wissen und vielleicht selbst erfahren, wie das Leben auf der anderen Seite der Mauer war. Das gilt nicht nur für Ostberliner, die vom besseren Leben im Westen träumten. Auch die Westberliner waren neugierig auf den Osten und interessierten sich für das Design und die Produkte, die von dort kamen. Dieses Phänomen wird heute mit dem Begriff »Ostalgie« umschrieben. Es ist der Grund dafür, dass man in Berlin eine Reihe von Geschäften findet, in denen man Kleidung, Verpackungen (etwa Gläser von Tomatensauce), Möbel und andere Dinge aus der ehemaligen DDR kaufen kann.

Eine beachtliche Zahl von Menschen bemüht sich, solche Dinge als Erinnerung an die Zeit der Teilung zu bewahren. Wer genau wissen möchte, wie eine typische DDR-Wohnung aussah, sollte Google nach Museumswohnung WBS70 fragen und einen Termin vereinbaren. Die Besichtigung ist kostenlos.

Ein weiteres Thema der Berlin-Nostalgie sind die »Goldenen 20er-Jahre«, eine aufregende Zeit, in der im legendären Wintergarten Varieté-Vorstellungen und Swing-Partys veranstaltet wurden. Trotz der schwierigen Wirtschaftslage war es eine Zeit des Glamours, die uns bis heute fasziniert. Das zeigt beispielsweise das Revival des Swing oder die Burlesque Sauvage-Parties. Bis heute sind Altbauwohnungen aus dieser Zeit sehr gefragt, und ihr Stil gibt vielen Bewohnern den Impuls, sich noch stärker mit dem Alten zu befassen.

Natürlich haben nostalgische Gefühle bei jedem Menschen ganz individuelle Auslöser, aber mir ist auch aufgefallen, dass es unter den Nostalgikern im Hinblick auf Lebensstil, Musikgeschmack, Vorlieben und Abneigungen durchaus Ähnlichkeiten gibt.

Schauen wir uns einige Erscheinungsformen der Berliner Nostalgie genauer an.

ARENA HALLENTRÖDELMARKT

Eichenstraße 4
030 533 20 30
www.arena-berlin.de
Sa-So 10:00-18:00
U1 Schlesisches Tor

Arena ist eine Wunderwelt der elektrischen und elektronischen Geräte. Hier findet man alle erdenklichen Dinge: Küchen- und Haushaltsgeräte, Lampen, Öfen, Staubsauger, aber auch Teppiche, Gemälde und Fahrräder und eine erstaunliche Bandbreite von Absonderlichkeiten: Discokugeln, alte Telefone, Rollstühle, alte Registrierkassen, Zapfsäulen und Akkordeons. Schräg und bezaubernd!

MOTZ-DER LADEN

Friedrichstraße 226
030 691 343 2
motz@motz-berlin.de / www.motz-berlin.de
Mo-Fr 11:00-19:00; Sa 11:00-17:00
U6 Kochstraße

Motz ist eine gemeinnützige Einrichtung für Obdachlose, die auch eine Zeitung veröffentlicht, die vollständig von den Betroffenen gestaltet wird. Sie können sich sicherlich denken, dass jeder, der in diesem Laden einkauft, den Obdachlosen hilft, wieder in der Gesellschaft Fuß zu fassen. Die Waren – von der Kaffeetasse bis zum Sofa – stammen ausschließlich aus Spenden. Die Preise werden nicht von der Organisation festgelegt. Wer wenig hat, zahlt wenig. Wer mehr hat, zahlt mehr.

MARHEINEKE MARKTHALLE

Marheinekeplatz
030 398 961
www.meine-markthalle.de
Sa-So 10:00-16:00 (So nur ab April)
U7 Gneisenaustrasse

Gleich neben einer Gourmet-Markthalle, die Sie sich nicht entgehen lassen sollten, liegt der Marheineke-Flohmarkt, auf dem Leute aus der Gegend Gebrauchtes anbieten. Die Atmosphäre ist gemütlich.

NOWKÖLLN-FLOWMARKT

Maybachufer
www.nowkoelln.de
Jeder 3. Sonntag im Monat
U8 Schönleinstraße

Auf dem kleinen Markt bieten private Verkäufer sonntags Gebrauchtwaren, Kunst und Selbstgemachtes an, jedoch kein Vintage. Oft wird Livemusik gemacht. Wegen Beschwerden aus der Nachbarschaft soll dieser Markt geschlossen werden, doch noch ist darüber nicht entschieden. In derselben Straße findet dienstags und freitags ein hervorragender türkischer Markt statt, auf dem man neben türkischen Köstlichkeiten frisches Obst und Gemüse und jede Menge Textilien bekommt. Unbedingt hingehen.

PETER´S WERKSTATT

Skalitzer Straße 46b
030 618 654 9
info@peterswerkstatt.de
www.peterswerkstatt.de
Mo-Fr 9:00 – 18:00
U1 Görlitzer Bahnhof

Hier stehen hinreißende Radios aus der Zeit zwischen den Kriegen und uralte Fernseher, die leider nicht zu verkaufen sind. Man kann sie mieten oder einfach vorbeischauen und sich an ihnen freuen. Die attraktiven, authentischen Geräte werden oft als Requisiten für Hollywood-Filme, Buchmessen, Modenschauen oder für Museen und Galerien ausgeliehen. Der technische Fortschritt hat diesen Laden veranlasst, sich von einem normalen Radiogeschäft zu einer Reparaturwerkstatt und Vermietung zu wandeln.

RADIO ART

Zossener Straße 2
030 693 943 5
info@radio-art.de / www.radio-art.de
Di-Fr 12:00-18:00, Sa 10:00-13:00
U7 Gneisenaustraße

Das 1903 gegründete Unternehmen Telefunken stellte Rundfunkgeräte her, die dafür sorgten, dass man Hitlers Stimme in allen Haushalten hören konnte. Roberts war das beliebteste tragbare Radio der 30er-Jahre. Diese Geräte kann man hier noch immer anfassen, ausprobieren und kaufen. Radio Art stöbert berühmte Radiomodelle auf und verkauft sie an Menschen mit Sinn für die alten Zeiten. Warum sind diese Radios noch immer so beliebt? Antwort: »Warum mögen und kaufen die Leute Oldtimer? Es ist eine Art Kunst.«

AMITOLA

Krossener Straße 35
030 862 049 84
inespavlou@yahoo.de
www. amitola-berlin.de
Mo-Sa 10:00-18:30
U5 Samariterstraße

Amitola ist eine Mischung aus Spielplatz, Familiencafé und Second-Hand-Laden. Die Idee entstand in einem winzigen Second-Hand-Laden, wo man manchmal eine Tasse Kaffee bekam und wo sich Mütter trafen, um zu plaudern und Workshops, Kurse oder Kinderbuchlesungen zu veranstalten. Angeboten wird hier gebrauchte und neue Markenkleidung für Kinder, Handgemachtes, Holzspielzeug und Kinderbücher – also alles was man braucht in allen Preislagen. Beim Kauf mehrerer Stücke kann über den Preis verhandelt werden. Viele Stammkunden aus der Umgebung.

ANTIK
UND TRÖDELMARKT
AM OSTBAHNHOF

Erich-Steinfurth-Straße
(zwischen Ostbahnhof and Kaufhof)
030 290 020 10
www.oldthing.de
So 9:00-17:00
S Ostbahnhof

Dieser Markt wirkt besonders nostalgisch, weil man hier wirklich viel »Altes« bekommt. Der Schwerpunkt liegt auf deutscher Geschichte. Da gibt es beispielsweise alte Ausgaben von Der Spiegel oder Die Woche, Postkarten und Fotos, Briefmarken und Umschläge ab 1933, Ehrennadeln und Orden aus dem Ersten Weltkrieg und kleine Sammlerstücke aus Keramik. Hier kommt man der Geschichte ein bisschen näher.

BOXHAGENER PLATZ
FLOHMARKT

Boxhagener Platz
www.boxhagenerplatz.de
Sa 8:00-13:30; So 10:00-18:00
S+U1 Warschauer Straße

Samstags kann man hier auf dem Wochenmarkt Blumen, frisches Obst und guten Käse einkaufen. Sonntags findet ein klassischer Flohmarkt statt: massenweise Lampen, Schallplatten, Schränke und allerlei Trödel.

Der Park in der Mitte ist sehenswert. Da liegen Leute in der Sonne, picknicken oder führen kleine Kunststücke vor. Selbsternannte Künstler beglücken die Ohren mit Gesang. Machen Sie unbedingt Pause im Café Pavillon an einer Ecke des Platzes. Kaufen Sie sich eine Limo und bewundern Sie das Schauspiel.

RAW FLOHMARKT

Revaler Straße 99
0176 687 922 21
www.raw-flohmarkt.de
So 10:00-18:00
S+U1 Warschauer Straße

RAW ist die Abkürzung für Reichsbahn-
ausbesserungswerk. Früher befand sich
hier nämlich eine Werkstatt der staat-
lichen Eisenbahn, in der Lokomotiven und
Waggons repariert wurden. Heute gibt
es hier Nachtclubs, einen von Europas
größten Indoor-Skateparks und Platz für
besondere Veranstaltungen.

Auf dem Gelände findet seit kurzer Zeit
auch ein Flohmarkt statt. Vor Mauern
mit bunten Graffitis und halb fertigen
Gebäuden bieten private Verkäufer ihre
alten Habseligkeiten für niedrige Preise
an. Ein Szenetreff für alle, die gegen das
Zeitalter der billigen Massenproduktion
aufbegehren.

€€€ – €€€

ARKONAPLATZ FLOHMARKT

Arkonaplatz
030 786 976 4
www.troedelmarkt-arkonaplatz.de
So 10:00-16:00
U8 Bernauer Straße

Das Warenangebot dieses kleinen Marktes ist bemerkenswert. Für jeden, der eine Prise Vintage für Zuhause sucht, ist dies einer der nettesten Jagdgründe. Was genau wird verkauft? Die übliche Flohmarkt-Mischung, aber meist in besserer Qualität. Die Preise sind etwas höher als auf manchen anderen Märkten, aber ausgefallene, schöne Stücke kosten nun mal ein bisschen mehr.

€€€ – €€€

MAUERPARK FLOHMARKT

Bernauer Straße 63-64
0176 29 25 00 21
info@mauerpark.de
www.mauerparkmarkt.de
So 8:00-18:00
U8 Bernauer Straße

Der Mauerpark-Flohmarkt ist DER Flohmarkt von Berlin. Einheimische und Touristen nehmen sich sonntags Zeit für einen Bummel. Der große Markt findet vor einer geschichtsträchtigen Kulisse statt – der Berliner Mauer, an der viele Menschen getötet wurden. Beim Anblick des Mauer-Denkmals, das nur ein paar Meter weiter liegt, kann man schon Gänsehaut bekommen.

Auf dem Markt mit hunderten von Ständen versammelt man sich um 15 Uhr zu einer spontanen Karaoke-Session – ein Höhepunkt des Tages.

Der Markt ist ein bisschen zu bekannt, darum sind die Preise eher hoch. Zwischen echten Vintage-Stücken findet man auch neues Kunsthandwerk sowie Kunst in allerlei Erscheinungsformen. Wer morgens um 8 Uhr kommt, hat die Chance, gute Stücke zu ergattern. Gegen Abend werden Reste billig angeboten. Ach, und es gibt eine Menge Leckeres zu essen.

PHILATELIE

Kollwitzstraße 93
030 442 633 3
philatelie.heinemann@web.de
Mo-Do 9:00-13:00 und 14:00-17:30
Fr 9:00-13:00, abends nach Absprache
U2 Eberswalder Straße

Früher war dies ein Asyl für Hunde und Katzen, jetzt werden hier wertvolle Briefmarken und Umschläge angeboten. Die Penny Black, als eine der allerersten Briefmarken am 6. Mai 1840 in London herausgegeben, liegt gut versteckt. Aber wer € 1000 bezahlt, kann sie mitnehmen. »Vor langer Zeit waren Briefmarken eine Art Fenster zur Welt. Beim Anblick von Marken aus fremden Ländern konnte man von fernen Stränden träumen. heute haben wir den Fernseher und andere, größere Fenster zur Welt, aber Briefmarken verraten noch immer viel über die Vergangenheit«, erklärt Herr Heinemann, der Besitzer des Geschäftes.

€€€-€€€

REMBETIS

Oderberger Straße 35
030 648 351 41
rembetis@live.de/ www.rembetis1.de
Mo-Sa 14:00-19:00
U2 Eberswalder Straße

Georgios Velissarios und seine Frau
wohnten in einer Dreizimmerwohnung,
die mit Fahrrädern aus den 80er-Jahren
vollgestopft war. Eines Tages wurde es
ihnen endgültig zu eng und sie eröffneten
Rembetis.

Hier kann man einige echte Schönheiten
bewundern. Die alten Fahrräder kommen
hauptsächlich aus Italien, Frankreich und
Deutschland: Adler, Miller, Singer, Dayton
Ohio, Diamant, Mifa, Excelsius. Der Laden
wirkt fast wie ein Museum mit über 200
Modellen. Das älteste ist ein Liberator aus
dem Jahr 1886, und die Rennräder stammen von 1980. Einige Fahrräder lagen
gleich nach dem Mauerfall herrenlos auf
der Straße.

Herr Velissarios stammt von Kreta. Er
sammelt schon seit 50 Jahren alte Fahrräder und liebt sie wie seine Kinder.
Darum reicht ihm Geld nicht aus. Bevor
Georgios ein Fahrrad verkauft, verge-
wissert er sich, dass auch der Kunde ein
Fahrradliebhaber ist und sich ordentlich
um das Objekt der Begierde kümmern
wird. Klassische Räder kann man in dem
Geschäft auch restaurieren und general-
überholen lassen.

Die Velissarios' überlegen, demnächst ein
Café zu eröffnen, weil sie sich wünschen,
dass ihr Geschäft ein Treffpunkt für Fahrradliebhaber wird.

€€€-€€€

VEB ORANGE

Oderberger Straße 29
030 978 868 86
info@veborange.de
www.veb-orange.de/ veborange.de
Mo-Sa 10:00-20:00
U2 Eberswalder Straße

Dieses Geschäft trägt den Spitznamen
»Museumsladen«. Aus gutem Grund,
denn hier gibt es fast alles aus der
DDR-Zeit: Sammler-Spielzeug, Spiele,
Lampen, aber auch Küchenutensilien
und Kleidung. Der witzige Laden hat eine
ungemein (n)ostalgische Atmosphäre.
Der Besitzer ist seit Kindesbeinen
Sammler. Er konnte sich einfach von
nichts trennen, bewahrte alles auf. Sein
Laden ist auch eine Sammlung von
Erinnerungen, denn zu fast jedem Objekt
kann der Besitzer etwas erzählen. Alte
DDR-Brillen, Marmeladengläser oder
Ketchupflaschen verleiht er auch für Film-
und Fotoaufnahmen. Wer etwas Konkretes
haben möchte, muss in diesem Laden
suchen. Aber das macht Spaß.

»Ich möchte mein Hobby noch lange ausüben,
wertvolle Sammlungen aufstöbern und mit
Leuten in Kontakt stehen, die so denken wie ich.
Ich habe einen tollen Job.«

REINHARD HEINEMANN, PHILATELIE

Philatelie

Reinhard Heinemann ist stolzer Besitzer einer beeindruckenden Sammlung von Briefmarken und Umschlägen. Er wurde in Berlin geboren und hat sein Geschäft vor 20 Jahren gleich nach dem Mauerfall eröffnet. Mir kommt es vor, als würde er Mosaiksteinchen der Geschichte sammeln. Früher, als es noch keine anderen Möglichkeiten der Informationsbeschaffung gab, waren Briefmarken ein Fenster zur Welt, und ein bisschen sind sie es heute noch.

Heinemann hat das Interesse für Briefmarken von seinem Großvater gelernt. Schon in jungen Jahren trat er einem Sammlerclub für Kinder bei. Beim Anblick einer Marke aus der weiten Welt bekam er große Augen. Später arbeitete er für eine Kunstagentur, ehe er beschloss, beruflich umzusatteln. Und weil er damals schon ein ernsthafter Briefmarkensammler war, entschloss er sich, sein Hobby zum Beruf zu machen.

»Briefmarken wurden auch als Propaganda-Medium eingesetzt, um Hitler zu glorifizieren. Schaut man sich die feinen Zeichnungen heute an, versteht man etwas mehr«, sagt Heinemann. Er besitzt viele solcher Propaganda-Marken, aber eigentlich sind die Umschläge noch wertvoller. »Hitler ließ Umschläge zurückschicken, auf denen etwas abgebildet war, dem er nicht zustimmte. Oder im günstigsten Fall übermalte er das Ärgernis mit schwarzer Tinte.« Heinemann kauft Marken und Umschläge manchmal auf speziellen Auktionen. Meist kommen aber Sammler zu ihm in den Laden, um zu verkaufen. Manche brauchen Geld, andere sind alt und möchten sicher gehen, dass jemand ihre geliebte Sammlung schätzt.

»Ich möchte mein Hobby noch lange ausüben, wertvolle Sammlungen aufstöbern und mit Leuten in Kontakt stehen, die so denken wie ich. Ich habe einen tollen Job,« sagt Heinemann abschließend.

ANTIKE BAUELEMENTE

Lehrter Straße 25-26
030 394 309 3
mail@antike-bauelemente-berlin.de
www.antike-bauelemente-berlin.de
Mi & Sa 10:00-14:00
S Hauptbahnhof

Ist es schön? Ich bin nicht sicher, dass dieser Begriff gut passt, aber es ist auf jeden Fall ein faszinierender Ort voller verborgener Schätze. In einem bewachsenen Hinterhof stehen über 2000 Türen, Fenster und Dekorationselemente aus Jugendstil- und Gründerzeithäusern: Treppen, Fliesen, Dielen, Messingelemente, Eisenöfen, Kamine. Seit über 25 Jahren rettet Wolfram Liebchen solche Stücke aus Häusern, die aus wirtschaftlichen Gründen abgerissen werden.

Man kann sogar etwas über die Herkunft der Türen erfahren, die schräg in dem Schuppen lehnen. Normalerweise steht die Information auf einem Schild, das am Objekt hängt oder in Herrn Liebchens Büro liegt.

ANTIK UND BUCHMARKT AM BODEMUSEUM

Am Kupfergraben 1 an der Museumsinsel
0171 710 166 2
www.antik-buchmarkt.de
Sa 10:00-17:00, Sun 10:00-16:00
S Oranienburger Straße

Ein nobler Flohmarkt in einer der nobelsten Gegenden von Berlin – an der Biegung des Kanals direkt am Bode-Museum. Die Highlights des Angebots sind Gemälde, Schmuck, Porzellan, Kuriositäten und (wie immer) einige DDR-Relikte – Gasmasken (?!), russische Uniformgürtel, Mützen, Ehrennadeln und Orden. Wer nicht auf Militaria steht, sollte nach dem Schmuckstand eines älteren Paars Ausschau halten, an dem es hinreißende Mosaikbroschen aus den 1960ern gibt. Vielleicht wollen Sie im Anschluss an den Marktbummel im Märchenhütte-Theater auf dem anderen Ufer ein Märchen für Erwachsene anschauen?

€ € €

ANTIKFLAIR CAFÉ & MÖBEL

Grunewaldstraße 10
030 666 206 20
info@antikflair.de / www.antikflair.de
Mo-Fr 11:00-19:00; Sa 11:00-16:00
U7 Kleistpark

Ich hätte da einen Plan: Sie setzen sich, trinken eine Tasse Kaffee in der Sonne (gar nicht so einfach in Berlin), und wenn Sie sich in einen der Einrichtungsgegenstände verlieben, etwa ein Biedermeierschränkchen, dann bezahlen Sie es nachher zusammen mit dem Kaffee. Gute Idee?

 € € €

CAFÉ BILDERBUCH

Akazienstraße 28
030 787 060 57
info@cafe-bilderbuch.de
www.cafe-bilderbuch.de
Mo-Sa 9:00-24:00; So 10:00-24:00
U7 Eisenacher Straße

Ich habe schon erwähnt, dass die Berliner gern ausgiebig frühstücken. Einer der schönsten Orte, um dieser sonntäglichen Pflicht eines ordentlichen Bürgers nachzukommen, ist das Café Bilderbuch, das gleichzeitig auch Kunstgalerie und Bibliothek ist. Bücher, die Sie ausgelesen haben, können Sie gegen andere eintauschen, die hier in den Regalen stehen. Niemand überwacht sie, aber es gilt eine Bedingung: Das Buch, das Sie mitnehmen, muss ebenso dick sein wie das abgestellte. Sonst könnten die Regale nicht so gut gefüllt aussehen.

CLASSIC REMISE.
MEILENWERK

Wiebestraße 36-37
030 364 078 0
berlin@remise.de/ www.remise.de
Mo-Sa 8:00-20:00; So 10:00-20:00
U7 Mierendorffplatz

Meilenwerk ist die Adresse für alle, die
Benzin in den Adern haben. Wer alte
Autos mag oder einfach mal von Dolce
Vita träumen möchte, ist auf den 16.000
Quadratmetern gut aufgehoben. Hier gibt
es wunderbare Modelle aus den 60er-
Jahren: Jaguar, Porsche, Mercedes Benz,
Aston Martin als Cabrio oder klassisch.
Egal wie sie heißen – alle sind elegant und
sehr selten.

Meilenwerk ist nicht nur eine Werkstatt
und ein Laden für alles, was der Retro-Car-
Fan braucht, sondern auch ein Treffpunkt
für Liebhaber solcher Autos.

€€€–€€€

UHREN & KUNST BISCHOFF

Pestalozzistraße 54
030 323 216 3
uhren.bischoff@berlin.de
www.uhren-bischoff.de
Mo-Fr 13:00-18:00; Sa 10:00-13:00
U2 Sophie-Charlotte-Platz

Wenn ich an alte Uhren denke, fällt mir immer die Tischuhr meines Großvaters ein, in deren gewölbte, goldfarbene Rückseite eine Weltkarte eingraviert war. Ich weiß noch genau, wie sie auf dem Tisch im Esszimmer stand. Uhren & Kunst erinnert mich daran. Da gibt es Standuhren, Taschenuhren und Armbanduhren und viele andere aus Wien, England und Frankreich aus der Zeit zwischen 1840 und 1920. Alle werden von Herrn Bischoff, der sie seit 30 Jahren sammelt und repariert, mit Liebe und Respekt behandelt. Ein exklusives Geschäft, in dem man auch Vintage-Armbanduhren kaufen und überholen lassen kann.

ANTIK & TRÖDEL-MARKT RICHARDSTRASSE

Richardstraße 105
030 818 948 35
Mo-Fr 10:00-18:00
U7 Neukölln

Ich will es nicht schön reden – der offene Flohmarkt an der Richardstraße sieht aus wie ein riesiger Sperrmüllhaufen, weil die Waren verstreut herumliegen. Lampen, Spülmittel?!, Gepäck und Trophäen von längst vergessenen Ereignissen oder Leuten. Einen kleinen Schatz habe ich dort tatsächlich gefunden: eine alte Holzkiste von französischem Schokoladenlikör. Aber ernsthaft: Wer hier stöbern geht, wird nicht zwangsläufig enttäuscht. Man sollte sich aber darauf einstellen.

DIE TELLER GOTTES

Bruno-Bauer-Str. 22
030 263 029 87
die-teller-gottes@arcor.de
Mo-Fr 11:00-18:00
U7 Neukölln

Dieser Laden vom Schlag eines Sozial-kaufhauses ist riesig und muffig. Er ist vollgestopft mit einem unsortierten Durcheinander – von Teelöffeln über Küchenschränke bis zu Sofas und Büchern – und scheint förmlich überquellen zu wollen. Wo normalerweise in der Bar Flaschen stehen, hängen Handtaschen – aber man kann hier gut eine Kaffeepause machen und den Anblick bestaunen.

€€€

SING BLACKBIRD

Sanderstraße 11
030 548 450 51
singblackbirdvintage@gmail.com
www.singblackbird.com
Mo-So 10:30-20:00
U8 Schönleinstraße

Dieses relativ neue Café mit Kleiderladen ist eine witzige Bereicherung für die Berliner Vintage-Szene. Der Laden gehört der Kroatin Diana Duldic und der Kalifornierin Tasha Arana. Die Idee entstand auf einer Geburtstagsparty, zu der die beiden Vintage-Kleider und selbstgebackenen Kuchen mitbrachten. Die anderen Gäste waren begeistert. Die Idee hinter dem Laden: Vintage-Shops sind oft zu teuer, und Trödelläden zu rumpelig – Sing Blackbird füllt die Lücke dazwischen. Der Laden sieht nett aus und ist gut eingerichtet, und man kann hier schöne, aufgemöbelte Vintage-Sachen zu bezahlbaren Preisen kaufen.

Alles, was aus der Küche kommt, ist selbst gemacht: Kürbis-Käsekuchen, Scones aus Biozutaten und veganes Frühstück oder amerikanische Pfannkuchen. Mittwochs ist Filmabend, und wer Glück hat, kann auch eine Ausstellung sehen. Vintage-Laden, Café, Galerie und Party-Location in einem. Kann man sich mehr wünschen?

BERLIN
STADTTEIL-KARTEN

Im letzten Kapitel dieses Buches finden Sie Stadtteil-Karten, die es Ihnen leicht machen, die interessanten Flohmärkte, Second-Hand- und Vintage-Läden der Stadt zu finden. Die Pläne entsprechen den Bezirken, anhand derer die Beschreibungen in den vorherigen Kapiteln geordnet sind – Kreuzberg, Friedrichshain, Prenzlauer Berg, Mitte, Schöneberg, Charlottenburg und Neukölln.

Die Adressen sind hier noch einmal nach Kategorien geordnet. An der Farbe des Symbols auf dem Stadtplan erkennen Sie, zu welcher Kategorie der jeweilige Laden gehört.

◆

KLEIDUNG & ACCESSOIRES

◆

BÜCHER, MUSIK & KURIOSES

◆

WOHNEN & DEKO

◆

TYPISCH BERLIN

Auf jedem Stadtteilplan ist ein QR-Code aufgedruckt. Wenn Sie ein Smartphone haben, können Sie den Code scannen und sich die Karte auf dem Display anzeigen lassen, um sich auch unterwegs problemlos zurechtzufinden. Weil sich die Second-Hand- und Vintage-Szene in Berlin ständig verändert, werden die Karten regelmäßig aktualisiert.

KREUZBERG

Berlin

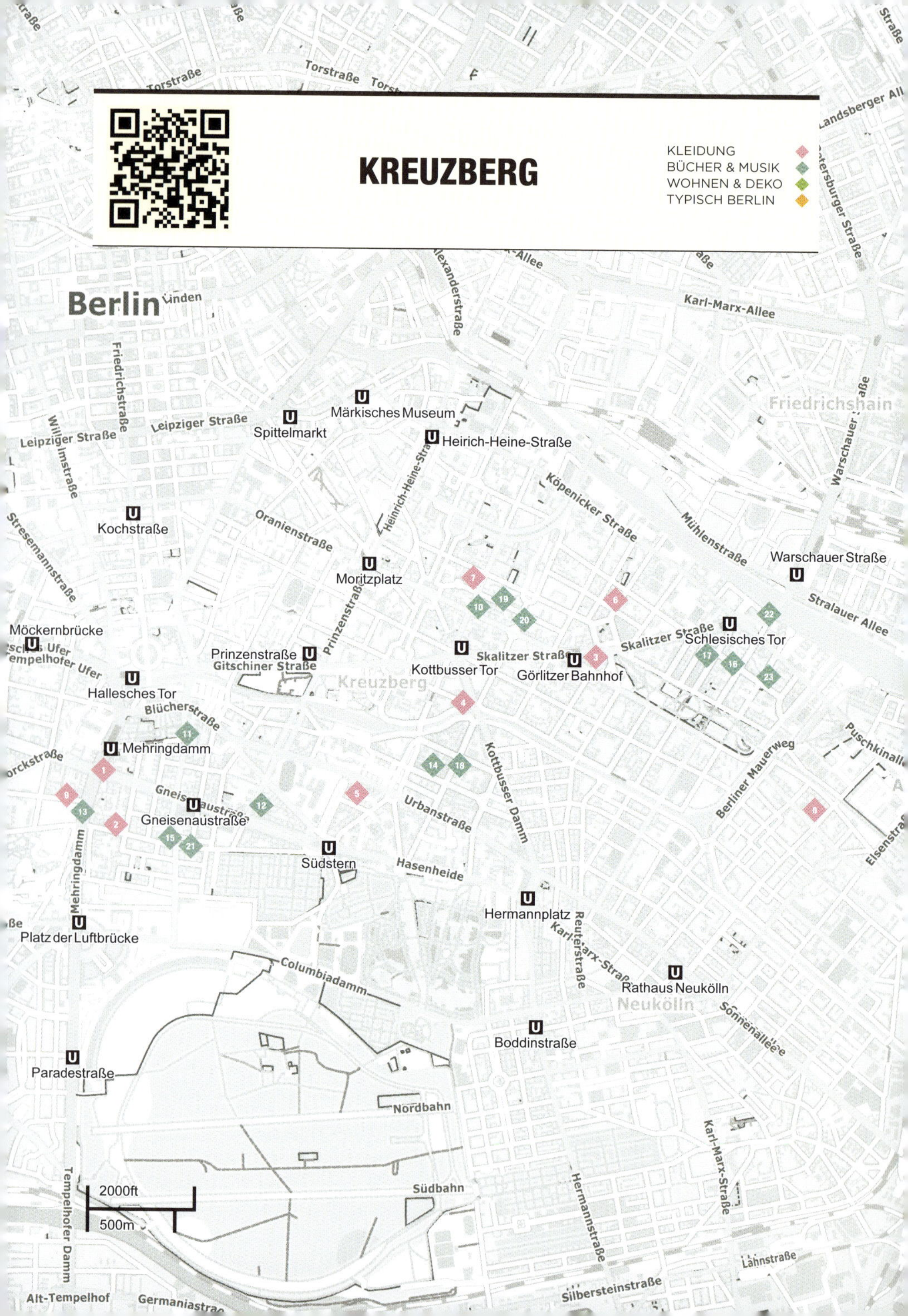

KLEIDUNG

1 CHECKPOINT & CINEMA
Mehringdamm 41
Mo-Mi 11:00-19:00;
Do-Fr 11:00-20:00; Sa 11:00-19:00

2 COLOURS
Bergmannstraße 102
Mo-Fr 11:00 – 19:00;
Sa 12:00 – 19:00

3 JUMBO SECOND HAND
Wiener Straße 63
Mo-Sa 11:00-19:30

4 KINDERSACHEN AUS 2. HAND
Graefestraße 1
Mo-Fr 11:00-18:00

5 LINDT
Körtestraße 16
Mo-Fr 12:00-18:00

6 ROSENROT
Eisenbahnstraße 48
Mo-Fr 10:30-18:30; Sa 10:30-14:30

7 SECOND-HAND PARADISE
Adalbertstraße 17
Mo-Sa 12:00-20:00

8 ST-STORE BERLIN
Karl-Kunger-Straße 54
Di-Fr 12:00-19:00; Sa 12:00-18:00

9 STYLO
Hagelbergerstraße 52
Mo-Fr 11:00-18:00; Sa 12:00-16:00

BÜCHER & MUSIK

10 ANTIQUARIAT KALLIGRAMM
Oranienstraße 28
Mo-Fr 12:00-18:00,
Sa 12:00-16:00

11 KUNST UND ANTIQUITÄTEN
Zossener Straße 48
Mo-Fr 16:00-19:00

12 BIKE:CO:HOLICS
Gneisenaustraße 67
Mo-Fr 11:00-19:00

13 EXTRA-BUCH MODERNES ANTIQUARIAT
Mehringdamm 66
Mo-Fr 10:00-20:00;
Sa 10:00-18:00

14 FAIR EXCHANGE
Dieffenbachstraße 58
Mo-Fr 11:00-19:00; Sa 10:00-18:00

15 HAMMETT
Friesenstraße 27
Mo-Fr 10:00-20:00; Sa 9:00-18:00

16 KUBI'S BIKE SHOP
Falckensteinstraße 35
Mo-Fr 10:00-19:00,
Sa 10:00-16:00

17 KULTGUT
Wrangelstraße 45
Mo-Fr 13:00-19:00; Sa 11:00-16:00

18 LONG PLAYER-VINYL LIVING ROOM
Graefestraße 80
Di, Do-Sa 12:00-20:00;
Mi 12:00-24:00

19 MODERN GRAPHICS
Oranienstraße 22
Mo-Fr 11:00-20:00; Sa 10:00-19:30

20 MÜSSIGGANG
Oranienstraße 14a
Di-Sa 14:00-19:00

21 OTHER LAND
Bergmannstraße 25
Mo-Fr 11:00-19:00; Sa 11:00-17:00

22 PIATTO FORTE
Schlesische Straße 38a
Mo-Fr 12:00-20:00; Sa 12:00-17:00

23 SATORI-RECORDS
Wrangelstraße 64
Mo-Fr 14:00-19:00; Sa 12:00-16:00

TYPISCH BERLIN

 TAUSENDUNDEINBUCH
Gneisenaustraße 60
Mo-Fr 11:00-19:00; Sa 11:00-14:00

36 **ARENA HALLENTRÖDELMARKT**
Eichenstraße 4
Sa-So 10:00-18:00

37 **MARHEINEKE MARKTHALLE**
Marheinkeplatz
Sa-So 10:00-16:00

38 **MOTZ-DER LADEN**
Friedrichstraße 226
Mo-Fr 11:00-19:00; Sa 11:00-17:00

WOHNEN & DEKO

39 **NOWKÖLLN-FLOWMARKT**
Maybachufer
Jeder 3. Sonntag im Monat

26 **ADLER ANTIK**
Urbanstraße 124
Mo-Fr 10:00-19:00; Sa 10:00-17:00

40 **PETER'S WERKSTATT**
Skalitzer Straße 46b
Mo-Fr 9:00 – 18:00

27 **GUERILLIAZ**
Gneisenaustraße 55
Mo-Fr 11:00-19:00; Sa 11:00-16:00

41 **RADIO ART**
Zossener Straße 2
Di-Fr 12:00-18:00;
Sa 10:00-13:00

28 **KLASSIKERFUNDUS**
Südstern 6
Di-Fr 12-19; Sa 12-16

29 **KOMFORT 36**
Schlesische Straße 38a
Di-Fr 14:00-19:30; Sa 13:00-18:00

30 **KRAMARI**
Gneisnaustraße 91
Di-Fr 14:00-19:00; Sa 12:00-17:00

31 **NESTHOCKER**
Graefestraße 75
Di-Fr 14:00-19:00; Sa 12:00-15:00

32 **POLSTEREI & GALERIE**
Graefestraße 90
Mo-Fr 10:00-18:00; Sa 11:00-16:00

33 **PONY HÜTCHEN**
Pücklerstraße 33
Mo-Sa 15:00-20:00

34 **SCHUBLADEN**
Körtestraße 26
Di-Fr 11:00-19:00; Sa 11:00-16:00

35 **SHOWRAUM**
Schönleinstraße 3
täglich geöffnet von morgens bis
abends – nach Absprache

FRIEDRICHSHAIN

KLEIDUNG
BÜCHER & MUSIK
WOHNEN & DEKO
TYPISCH BERLIN

KLEIDUNG

1 A&V MICHAELIS
Warschauer Straße 62
Mo-Fr 11:00-19:00; Sa 11:00-16:00

2 BERLINER MODEINSTITUT
Samariterstraße 31
Mo-Sa 12:00-19:00

3 GEILE JACKEN
Krossener Straße 24
Di-Fr 15:00-19:00; Sa 13:00-18:00

4 HUMANA
Frankfurter Tor 3
Mo-Fr 10:00-20:00

5 JIBBOO
Bänschstraße 77
Mo-Fr 10:00-18:00; Sa 10:00-16:00

6 KLEIDER-MOTTE
Krossener Straße 29
Mo-Fr 11:00-19:00; Sa 12:00-16:00

7 OSCAR
Müggelstraße 11a
Mo-Do 9:30-18:00; Fr 9:30-15:00

8 PARIS SECOND HAND
Samariterstraße 6
Mo-Fr 10:00-19:00; Sa 10:00-14:00

9 ROCKING CHAIR
Gabriel-Max-Straße 13
Mo-Fr 12:00-19:00; Sa 10:00-16:00

10 SIR HENRY & MY FEET
Grünberger Straße 37&47
Mo-Sa 10:00-20:00

11 TRASH-SCHICK
Wühlischstraße 31
Mo-Sa 12:00-20:00

BÜCHER & MUSIK

12 A&V SECOND-BIKE
Petersburger Straße 74
Mo-Fr 10:00-19:00;
Sa 10:00-16:00

13 ANTIQUARIAT IN FRIEDRICHSHAIN
Niederbarnimstraße 13
Di-Fr 14:00-18:00; Sa 12:00-18:00

14 ANTIQUARIAT MATTHIAS WAGNER
Wühlischstraße 22|23
Mo-Fr 15:00-19:00

15 ANTIQUARIAT WEIGELT
Proskauerstraße 4
Mi-Fr 16:00-20:00;
Sa 14:00-18:00

16 AUDIO-IN
Libauer Straße 19
Mo-Fr 14:00-20:00;
Sa 12:00-18:00

17 O-TON
Krossener Straße 18
Mo-Sa 13:00-20:00

18 SECOND-BIKE UND SOUND CAFÉ AN & VERKAUF
Warschauer Straße 12
Mo-Sa 10:00-22:00

19 SPARBUCH
Finowstraße 5
Mi-Fr 19:00-20:00

WOHNEN & DEKO

20 **A&V WASCHBÄR**
Kopernikusstraße 12
Mo-Fr 10:00–19:00;
Sa 10:00-16:00

21 **GRÜNBERGER AN- & VERKAUF**
Grünberger Straße 44
Mo-Fr 10:00-19:00; Sa 10:00-17:00

22 **KUNST UND ANTIQUITÄTEN**
Schreinerstraße 64a

23 **ORIGINAL IN BERLIN**
Karl-Marx-Allee 94
Mo-Fr 11:00-19:00; Sa 12:00-16:00

24 **PIRA X - BERLIN**
Niederbarnimstraße 20
Mo, Di, Fr, Sa 14:00-20:00

25 **TECHNISCHER AN- & VERKAUF**
Frankfurter Allee 68
Mo-Fr 10:00-18:00; Sa 10:00-14:00

TYPISCH BERLIN

26 **AMITOLA**
Krossener Straße 35
Mo-Sa 10:00-18:30

27 **ANTIK UND TRÖDELMARKT AM OSTBAHNHOF**
Erich-Steinfurth-Straße (zwischen
Ostbahnhof und Kaufhof)
So 9:00-17:00

28 **BOXHAGENER PLATZ FLOHMARKT**
Boxhagener Platz
Sa 8:00-13:30; So 10:00-18:00

29 **RAW FLOHMARKT**
Revaler Straße 99
So 10:00-18:00

PRENZLAUER BERG

KLEIDUNG
BÜCHER & MUSIK
WOHNEN & DEKO
TYPISCH BERLIN

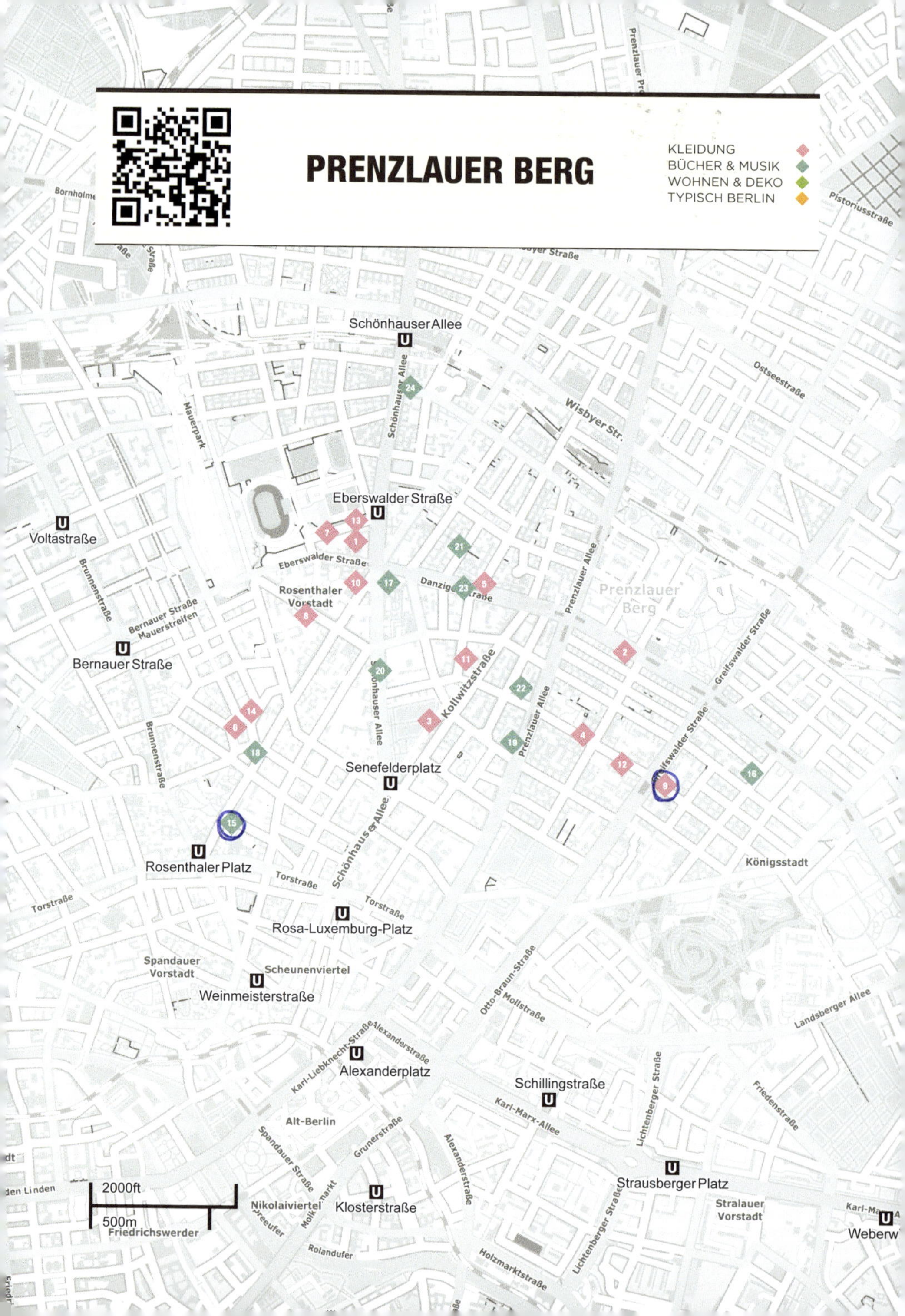

KLEIDUNG

1 BLUE EYES
Eberswalder Straße 23
Mo-Fr 11:00-18:00; Sa 10:00-16:00

2 COU-COU
Winsstraße 31
Di-Sa 12:00-18:30

3 HILLY'S BERLIN
Kollwitzstraße 39
Mo-Sa ab 11:00

4 LUNETTES BRILLENAGENTUR
Marienburger Straße 11
Mo-Fr 12:00-20:00;
Sa 12:00-18:00

5 MEINS&DEINS THE REAL FLASHBACK
Danzigerstraße 38
Mo-Sa 11:00-20:00

6 NYX
Zionskirchstraße 40
Di-Fr 13:00-20:00; Sa 12:00-17:00

7 OPTIKING
Eberswalder Straße 34
Mo-Sa 12:00-20:00

8 PAUL'S BOUTIQUE BERLIN
Oderbergerstraße 45&47
Mo-Sa 12:00-20:00

9 SCHNEEWITTE
Hufelandstraße 12
Mo-Fr 11:00-18:30; Sa 11:00-14:00

10 SECONDHAND
Kastanienallee 6
Mo-Fr 11:00-20:00; Sa 11:00-16:00

11 SENTIMENTAL JOURNEY
Husemannstraße 2
Mo-Sa 12:00-19:00

12 SOEUR
Marienburger Straße 24
Mo-Fr 11:00-19:00; Sa 11:00-18:00

13 STEIFEL KOMBINAT
Eberswalder Straße 21&22
Mo-Sa 10:00-22:00

14 THRIFT STORE
Kastanienallee 67
Mo-Sa 13:00-19:00

BÜCHER & MUSIK

15 BIBLIOTHECA CULINARIA
Zehdenicker Straße 16
Di-Fr 11:00-19:00; Sa 11:00-16:00

16 BÖTZOW RAD BERLIN
Pasteurstraße 31
Mo-Fr 10:00-19:00;
Sa 10:00-16:00

17 FREAK OUT RECORDS
Prenzlauer Allee 49
Mo-Fr 11:00-19:30; Sa 11:00-16:00

18 MELTING POINT
Kastanienallee 55
Mo-Sa 12:00-20:00

19 MOGWA
Prenzlauer Allee 224
Mo-Fr 10:00-19:00;
Sa 10:00-16:00

20 MUSIKINSTRUMENTE & DESIGN
Schönhauser Allee 28
Mo-Fr 13:30-18:30; Do geschlossen

21 RE-CYCLE
Husemannstraße 33
Mo-Fr 11:00-20:00; Sa 11:00-18:00

22 SAINT GEORGE'S
Wörtherstraße 27
Mo-Fr 11:00-20:00; Sa 11:00-19:00

23 ST. PRENZL'BERG
Schönhauser Allee 41
Mo-Fr 10:30-20:00

24 SCHÖNHAUSER MUSIC I
Schönhauser Allee 70
Mo-Sa 11:00-20:00

25 SHAKESPEARE AND SONS
Raumerstraße 36
Mo-Sa 11:00-19:00

26 SOZIALER BÜCHERLADEN
PRENZLAUER BERG
Winsstraße 30
Mo-Fr 10:00-17:00;
Di 10:00-19:00

WOHNEN & DEKO

27 A&V TECH
Eberswalder Straße 29
Mo-Fr 11:00-19:00; Sa 12:00-20:00

28 DER MÖBELLADEN
Wörther Straße 15
Di-Fr 12:00-19:00; Sa 11:00-16:00

29 E-HAUS
Schliemannstraße 1
Mo-Sa 10:00-20:00

30 FRIEDRICHS LUST. KURIOSITÄTEN
Schönhauser Allee 8
Do&Fr 15:00-19:00, Sa 12:00-18:00

31 KOLLWITZ KABINET
Wörtherstraße 31
Mo-Fr 13:00–19:00; Sa 11:00-17:00

32 KUNST-A-BUNT
Wörther Straße 39
Mo-Fr 11:00-19:00; Sa 11:00-17:00

33 LAMPENMANUFAKTUR BERLIN
Rykestraße 51
Mo-Fr 12:00–19:00;
Sa 10:00-18:00

34 MAGASIN
Lychener Straße 3
Mo-Fr 14:00-20:00;
Sa 12:00-18:00

35 MÖBELKOMBINAT BERLIN
Wolliner Straße 18-19
Mo-Sa 12:00-20:00

36 OBJETS TROUVÉS NONCHALANTES
WOHNEN
Rykestraße 32A
Mi-Sa 12:00-19:00

37 STUDIO ZIBEN
Danziger Straße 22
Di-Sa 12:00-19:00

38 ZWISCHENZEIT
Raumerstraße 35
Mo-Fr 14:00-19:00

TYPISCH BERLIN

39 ARKONAPLATZ FLOHMARKT
Arkonaplatz
So 10:00-16:00

40 MAUERPARK FLOHMARKT
Bernauer Straße 63-64
So 8:00-18:00

41 PHILATELIE
Kollwitzstraße 93
Mo-Do 9:00-13:00 und 14:00-
17:30; Fr 9:00-13:00, abends nach
Absprache

42 REMBETIS
Oderberger Straße 35
Mo-Sa 14:00-19:00

43 VEB ORANGE
Oderberger Straße 29
Mo-Sa 10:00-20:00

MITTE

KLEIDUNG
BÜCHER & MUSIK
WOHNEN & DEKO
TYPISCH BERLIN

Danziger

Bernauer Str.

Bernauer Straße

Schönhauser Allee

Oranienburger Vorstadt

Brunnenstraße

Weinbergsweg

Senefelderplatz

Metzer Str.

Invalidenstraße

Naturkundemuseum

Gartenstraße

16

17

Rosenthaler Platz

18

9

7

Torstraße

2

Torstraße

Torstraße

13

Linienstraße

Auguststraße

15

6

Rosa-Luxemburg-Platz

11

10

4

Scheunenviertel

1

14

3

Spandauer Vorstadt

Oranienburger Str.

8

Weinmeisterstraße

5

Oranienburger Tor

12

Reinhardtstraße

Karl-Liebknecht-Straße

Alexanderstraße

drich-helm-adt

Friedrichstraße

Alexanderplatz

Friedrichstraße

Alt-Berlin

Grunerstraße

Alexah

Dorotheenstadt

Spandauer Straße

Nikolaiviertel

Klosterstraße

Unter den Linden

Unter den Linden

Brandenburger Tor

Behrenstraße

Molkenmarkt

Friedrichswerder

Rolandufer

Jannowitzbr

nstraße

Französische Straße

1000ft

200m

Hausvogteiplatz

Neukölln am Wasser

Märkisches Museum

KLEIDUNG

**1 ANTIQUE VINTAGE JEWELLERY.
OLIVER RHEINFRANK**
Linienstraße 44
Mo-Sa 11:00-19:00

2 ALEX VINTAGE
Rosa-Luxemburg Straße 17
Mo-Sa 12:00-20:00

3 BLITZ BOUTIQUE BERLIN
Krausnickstraße 23
Mo-Sa 12:00-20:00

4 CALYPSO
Rosenthalerstraße 23
Mo-Fr 12:00-20:00; Sa 12:00-18:00

5 CASH
Rosa-Luxemburg Straße 11
Mo-Fr 11:00-19:00; Sa 12:00-19:00

6 DAS NEUE SCHWARZ
Mulackstraße 37
Mo-Sa 12:00-20:00

7 GARMENTS
Linienstraße 204-205
Mo-Sa 12:00-19:00

8 GLANZSTÜCKE
Sophienstraße 7 – Hackesche Höfe
Mo-Sa 12:00-19:00

9 LUNETTES BRILLENAGENTUR
Torstraße 172
Mo-Fr 12:00-20:00; Sa 12:00-18:00

10 MADE IN BERLIN
Friedrichstraße 114 A
Mo-Fr 10:00-19:00;
Sa 12:00-20:00

11 O.F.T.
Chausseestraße 131B
Mo-Fr 13:00-20:00; Sa 13:00-18:00

12 RIANNA IN BERLIN
Große Hamburger Straße 25
Mo-Sa 12:00-19:00

13 SOMMERLADEN
Linienstraße 153
Mo-Fr 14:00-20:00; Sa 12:00-17:00

14 STERLING GOLD
Heckmann-Höfe,
Oranienburger Straße 32
Mo-Fr 12:00-20:00;
Sa 12:00-18:00

15 XVII ODER DIX-SEPT
Steinstraße 17
Mo-Fr 11:00-19:00; Sa 11:00-17:00

BÜCHER & MUSIK

16 THE RECORD STORE
Brunnenstraße 186
Mo-Sa 12:00-20:00

17 SOFORTBILD SHOP BERLIN
Brunnenstraße 195
Mo-Fr 12:00-20:00;
Sa 12:00-18:00

18 UNTERWEGS
Torstraße 93
Di-Fr 15:00-19:00; Sa 12:00-15:00

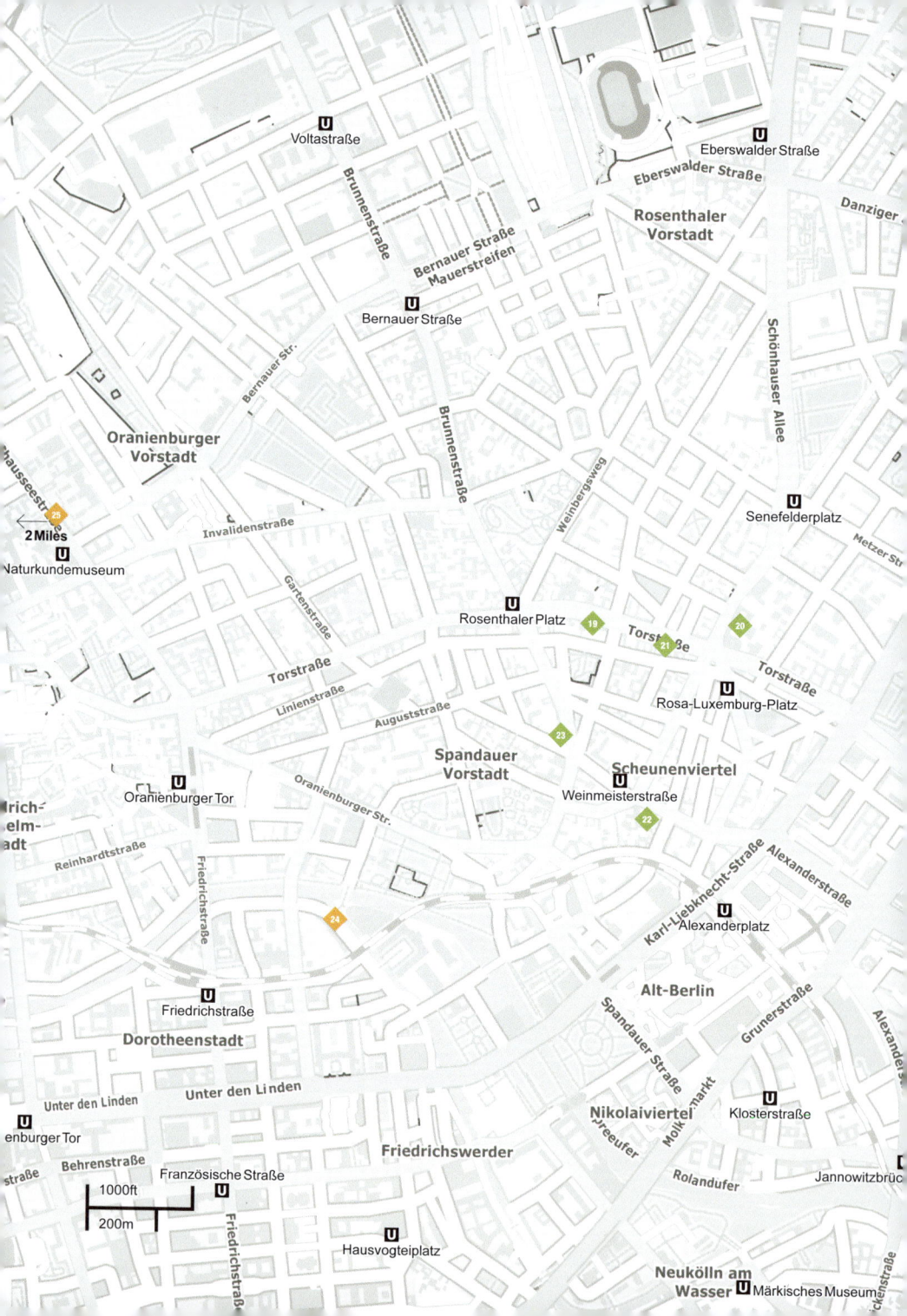

WOHNEN & DEKO

 AUS ZWEITER HAND
Torstraße 98
Mo-Fr 13:00-19:00

 FRIEDRICHS LUST
SCHREIBER + MOZEDLANI
Schönhauser Allee 8
Do-Fr 15:00-19:00; Sa 12:00-18:00

 STUE
Torstraße 70
Mo-Sa 12:00-19:00

 20TH CENTURY INTERIOR BERLIN
Münzstraße 19 - 1. Hinterhof
Di-Sa 12:00-18:00
oder nach Vereinbarung

 WAAHNSINN
Rosenthaler Straße 17
Mo-Sa 9:00-18:00

TYPISCH BERLIN

 ANTIK UND BUCHMARKT
AM BODEMUESUM
Am Kupfergraben 1
an der Museumsinsel
Sa 10:00-17:00, So 10:00-16:00

 ANTIKE BAUELEMENTE
Lehrter Straße 25-26
Mi + Sa 10:00-14:00

SCHÖNEBERG

KLEIDUNG
BÜCHER & MUSIK
WOHNEN & DEKO
TYPISCH BERLIN

KLEIDUNG

1 AUNES
Kolonnenstraße 3
Di-Sa 14:00-18:00

2 FIRLEFANZ
Eisenacher Straße 75
Mo-Fr 14:30-18:30; Sa 11:00-15:00

3 LUMPEN PRINZESSIN
Kyffhäuserstraße 19
Mo-Fr 10:30-18:30; Sa 11:00-15:00

4 MIMI
Goltzstraße 5
Mo-Fr 12:00-19:00; Sa 11:00-16:00

5 SILHOUETTE IM FARBENREIGEN
Belziger Straße 19
Mo 14:00-19:00;
Di-Fr 12:00-19:00; Sa 11:00-16:00

6 TROLLBY
Eisenacher Straße 78
Mo-Fr 10:00-18:00;
Sa 10:00-16:00

BÜCHER & MUSIK

7 BUCH UND KUNSTANTIQUARIAT TODE
Dudenstraße 36
Mo-Fr 13:00-20:00;
Sa 12:00-16:00

8 DEUKER PIANOS & FLÜGEL
Dudenstraße 36
Mi-Fr 12:00-18:00; Sa 10:00-14:00

**9 GAMES&HANDYS.
ANKAUF VERKAUF TAUSCH**
Kolonnenstraße 66
Mo-Fr 10:00-20:00;
Sa 11:00-19:00

WOHNEN & DEKO

10 ANTIK & MODERNE
Belzigerstraße 24
Mo-Fr 12:00-18:00; Sa 11:00-14:00

11 PETERSEN FERNSEHDIENST
Kolonnenstraße 51
Mo-Fr 10:00-20:00;
Sa 10:00-18:00

12 RESTPOSTEN AN- + VERKAUF
Dudenstraße 32
Mo-Fr 10:00-20:00;
Sa 11:00-16:00

TYPISCH BERLIN

13 ANTIKFLAIR CAFE & MÖBEL
Grunewaldstraße 10
Mo-Fr 11:00-19:00; Sa 11:00-16:00

14 CAFÉ BILDERBUCH
Akazienstraße 28
Mo-Sa 9:00-24:00;
So 10:00-24:00

KLEIDUNG

1 GARAGE
Ahornstraße 2
Mo-Fr 10:00-19:00; Sa 11:00-18:00

2 MACY'Z
Mommsenstraße 2
Mo-Fr 12:00-19:00; Sa 12:00-16:00

3 MADONNA
Mommsenstraße 57
Mo-Fr 12:00-19:00; Sa 11:00-17:00

4 SECONDO
Mommsenstraße 61
Mo-Fr 11:00-18:30; Sa 11:00-15:30

5 TONY DURANTE
Suarezstraße 62
Mo-Fr 12:00-18:30; Sa 11:30-16:00

WOHNEN & DEKO

6 ART + INDUSTRY
Bleibtreustraße 40
Mo-Fr 14:00-18:30; Sa 11:00-16:00

7 HANS-PETER JOCHUM
Bleibtreustraße 41
Mo-Fr 14:00-18:30; Sa 11:00-16:00

8 L&M LEE
Kurfürstendamm 32
Mo-Sa ab 10:00

9 REISEANTIQUITÄTEN
Suarezstraße 48-49
Mo-Fr 12:00-19:00; Sa 11:00-15:00

10 SCHÖNE ALTE GLÄSER
Suarezstraße 58
Mo-Fr 11:00-18:00; Sa 11:00-15:00

11 ZEITLOS
Kantstraße 17
Mo-Sa 10:00-19:00

TYPISCH BERLIN

12 CLASSIC REMISE. MEILENWERK
Wiebestraße 36-37
Mo-Sa 8:00-20:00;
So 10:00-20:00

13 TIERGARTEN
Straße des 17. Juni
Sa-So 10:00-17:00

14 UHREN & KUNST BISCHOFF
Pestalozzistraße 54
Mo-Fr 13:00-18:00; Sa 10:00-13:00

NEUKÖLLN

Kreuzberg

Schönleinstraße

Südstern

Hasenheide

Hermannplatz

Rathaus Neukölln

Boddinstraße

Karl-Marx-Straße

Rixdorf

Leinestraße

Hermannstraße

Neukölln

Grenzallee

Alt-Treptow

2000ft
500m

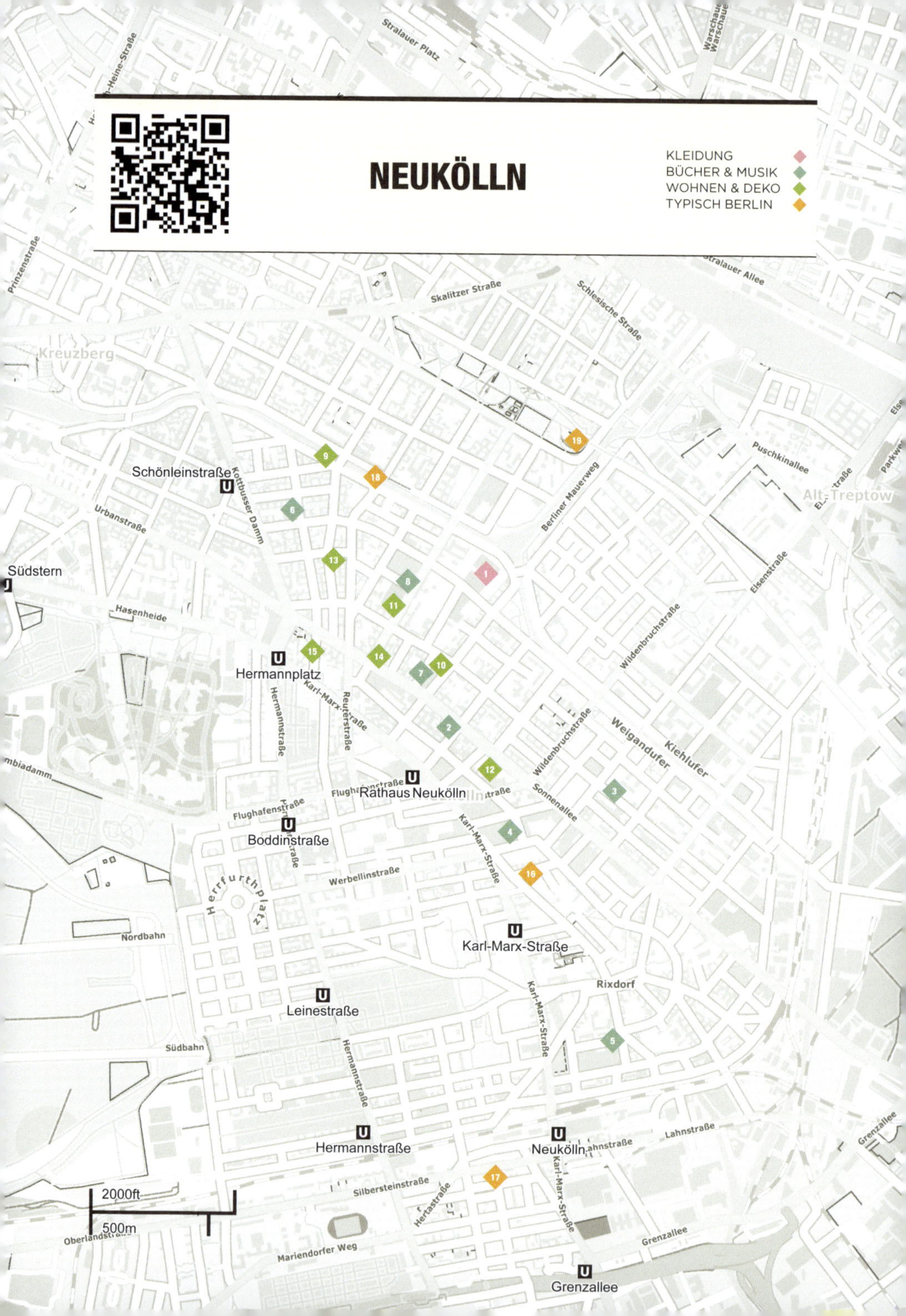

KLEIDUNG

1 **KLEINES GLÜCK**
Weichselstraße 38
Di-Sa 11:00-17:00

BÜCHER & MUSIK

2 **ASA90**
Fuldastraße 55
Di-Fr 11:00-19:00; Sa 11:00-16:00

3 **BUCHLADEN BUNBURY**
Weserstraße 210
Mo-Fr 11:00-20:00; Sa 11:00-19:00

4 **CITY RAD**
Richardstraße 112
Mo-Fr 10:00-20:00;
Sa 10:00-14:00

5 **DIE BIOGRAFISCHE BIBLIOTHEK**
Richardstraße 55
Mo-Fr 15:00-19:00; Mi geschlossen

6 **FAHRRAD UND MOPEDLADEN**
Pflügerstraße 75
Mo-Fr 9:00-18:00; Sa 9:00-12:00

7 **FITS**
Weichselstraße 59
Di-Sa 13:00-20:00

8 **GLÜCKSVELO**
Pannierstraße 53a
Di-Fr 9:00-12:00, 14:00-19:00;
Sa 11:00-16:00

WOHNEN & DEKO

9 **ACCESSORIES & AMBIENTE**
Bürknerstraße 39
Mo-Fr 13:00-20:00; Sa 12:00-17:00

10 **ADLER**
Weichselstraße 15
Mo-Sa: 12:00-20:00

11 **BERLIN-TRÖDEL**
Pannierstraße 10A
Mo-Sa 10:00-19:00

12 **DAKKOUR ELEKTRONIC**
Erkstraße 21
Mo-Sa 10:00-18:30

13 **EKSTASE 51 LICHT & DESIGN**
Friedelstraße 51
Di-Fr 15:00-19:00; Sa 14:00-18:00

14 **HAUSHALTSGERÄTE-PETER WIENS**
Sonnenallee 38
Mo-Fr 10:00-18:00; Sa 10:00-14:00

15 **TAMIM**
Hobrechtstraße 6
Mo-Fr 9:00-18:00

TYPISCH BERLIN

16 **ANTIK & TRÖDELMARKT RICHARDSTRASSE**
Richardstraße 105
Mo-Fr 10:00-18:00

17 **DIE TELLER GOTTES**
Bruno-Bauer-Str. 22
Mo-Fr 11:00-18:00

18 **NOWKÖLLN-FLOWMARKT**
Maybachufer
Jeder 3. Sonntag im Monat

19 **SING BLACKBIRD**
Sanderstraße 11
Mo-So 10:30-20:00

BERLIN
VERZEICHNIS DER SHOPS